不可不知的世界地理80问

中国地图出版社◎编著

中国地图出版社
·北京·

图书在版编目（CIP）数据

不可不知的世界地理 80 问 / 中国地图出版社编著
. -- 北京 : 中国地图出版社，2024.11
ISBN 978-7-5204-3943-5

Ⅰ. ①不… Ⅱ. ①中… Ⅲ. ①地理－世界－青少年读物 Ⅳ. ① K91-49

中国国家版本馆 CIP 数据核字 (2024) 第 009854 号

策　　划　孙　水
责任编辑　张　瑜
封面设计　封超男
图片提供　视觉中国

BUKE BUZHI DE SHIJIE DILI 80 WEN
不可不知的世界地理 80 问

出版发行　中国地图出版社
社　　址　北京市西城区白纸坊西街 3 号
电　　话　010-83490076　83495213
印　　刷　保定市铭泰达印刷有限公司
成品规格　165 mm×225 mm
版　　次　2024 年 11 月第 1 版
定　　价　29.80 元
书　　号　ISBN 978-7-5204-3943-5
审 图 号　GS 京（2024）0277 号

邮政编码　100054
网　　址　www.sinomaps.com
经　　销　新华书店
印　　张　6.75
印　　次　2024 年 11 月河北第 1 次印刷

目录

第一章 我们的家园

第二章 描绘我们的世界

第三章 海洋与陆地

第四章 风云之变

第五章　地球居民

第六章　亚洲

第七章 欧洲

第八章 非洲

第九章　大洋洲

第十章　北美洲

第十一章　南美洲

第十二章 极地

图 例

◎	首都		运河
○	主要城市		河流、湖泊
	洲界		时令河、时令湖
未定	国界		沼泽
	地区界		沙漠
	军事分界线、停火线	▲ 8611	山峰及高程/米
	铁路	3776	火山及高程/米

第一章 我们的家园

001 宇宙究竟有多大?

宇宙中的银河系

宇宙大爆炸理论认为，宇宙诞生于距今 130 多亿年前的一场大爆炸。宇宙究竟有多大? 无人知晓。因为就算借助最先进的天文望远镜，人类也始终观测不到宇宙的边界。宇宙之大远远超出我们的想象，“千米”这个常用的长度单位已无法承担丈量宇宙大小的重任，我们需要了解一个天文学上的距离单位——光年。

光在真空中每秒能够前进大约 30 万千米，我们将光在真空中 1 年内走过的路程称为 1 光年。光速是人类目前已知的最快运动速度。只需不到 0.14 秒的时间，光就能完成绕地球赤道（赤道半径为 6378 千米）一圈。从太阳系到银河系中心，以光速前进大约需要 2.6 万年的时间。也就是说，太阳系与银河系中心之间的距离约为 2.6 万光年。光从银河系的边缘出发，穿过银河系中心到达银河系另一边缘大约需要 10 万年的时间。

相关研究表明，目前可观测宇宙半径约为 465 亿光年。可观测宇宙，指的是一个以观测者作为中心的球体空间。必须指出的是，可观测宇宙中的“可观测”指的并非现实世界中人类依赖于现代技术可实现的观测，而是仅仅代表理论上光线或其他信号从物体到达观测者的可能。事实上，凭借人类目前的观测技术，我们实际可观测到的宇宙范围远小于可观测宇宙的范围。

002 太阳系的行星家族有哪些成员？

太阳系包括太阳和围绕它运行的天体——行星、小行星和彗星等。

太阳系这个大家庭的“主心骨”当然是太阳，它是一颗恒星，体积大，自身质量占太阳系总质量的 99% 以上。它强大的引力使八大行星在各自的轨道上保持相对稳定的运行。

太阳系八大行星示意图

八大行星按照与太阳的距离不同，由近及远依次是水星、金星、地球、火星、木星、土星、天王星和海王星。根据质量、体积和结构特征等方面的差异，可以把它们分为类地行星、巨行星和远日行星。

水星、金星、地球、火星属于类地行星，它们距太阳较近，都有固体表面，体积较小。

其他 4 颗行星中，木星和土星因体积巨大而被称为巨行星。而天王星和海王星因距离太阳很远，所以被称为远日行星。天王星和海王星是太阳系中距离太阳最远的行星，获得的太阳辐射较少，极度寒冷。

003 我国古人在认识地球和宇宙的过程中提出了什么观点？

我国古人对太空充满好奇心与想象力。盘古开天辟地，女娲炼石补天，后羿射日，嫦娥奔月，牛郎织女鹊桥相会……这些美丽的传说、动人的故事都诉说着古人对宇宙苍穹的遐想。

远古时期的人们抬头望天，见天上的日月星辰周而复始地在天空中做弧线运动，认为天穹如盖；俯首看地，见眼前的大地向四方延展，就以为大地是平的。于是，他们的脑海中浮现出“天圆似张盖，地方如棋局”的宇宙面貌。

天圆地方

半球形的天覆盖在平面的大地上，天的边缘必然要与大地平面相交。然而，当人们往东爬上日出的山头或往西爬上日落的山头就会发现，天地原来并不是自己所看见的那么小，日出在更东方，日落也在更西方，继续扩大观测范围，古人终于悟出：天和地原来是不相接的。

如果天与地不相接，那唯一的可能便是大地也不是平的，而是一个与天穹相平行的球面。当然，在那个时代，大地是一个球体的设想是不可思议的。人们只能认为大地是中央高、四周低的半球面。这便是我国古代最早的宇宙结构学说——盖天说所表达的对地球和宇宙的认识。

汉朝时期，我国的天文学获得突破性发展。张衡提出“浑天说”后，古人的宇宙观发生了重大变化。“浑天说”认为，“浑天”如同鸡蛋，是圆球形的；大地如同鸡蛋黄，处在天内，天大而地小，大地就浮在水上，日月星辰在“蛋壳”上绕大地做运动。

浑天仪

此外，不得不提的还有“宣夜说”。该宇宙学说认为，天是没有具体形质的，日月众星是自由地悬浮于空中的，有各自不同的运动规律。就对宇宙本质的认识而言，“宣夜说”更接近于宇宙无限的客观实际。

从“盖天说”到“浑天说”再到“宣夜说”，我国古代宇宙观的发展体现了古人认识宇宙的过程。3 种学说虽然各有其合理成分和不足之处，但从探索地球固有面貌和宇宙这点来说，都体现出古人探索宇宙的勇气。

004 外国古人在认识地球和宇宙的过程中提出了什么观点？

古巴比伦人将宇宙看作了一个箱子，大地是箱底，箱底中心耸立着冰雪覆盖的高山，而幼发拉底河就发源于高山。他们认为，大地四周都是水，水之外还有大山，这些大山支撑起蓝色的天穹。也有古巴比伦人认为，大地是一块漂浮在海上的大圆盘。但不管大地是方形的还是圆盘状的，在古巴比伦人的认识里，大地的周围都要有水，水之外有山。

古埃及人认为，宇宙是一个长方形的盒子，大地是盒底且略向下凹，而古埃及正好位于凹形大地的中央。天空是平坦的或穹隆状的，四角有天柱提供支撑。

古印度人认为，天穹是由四头大象撑起来的，而大象就站在一只巨大的乌龟的背上，乌龟漂浮于茫茫的大海之中。

与上述几大古老文明相比，古希腊文明最早产生了球形大地观，其理论水平也在当时位居世界前列。但是，早期古希腊人也认为大地是扁平的，直到公元前 6 世纪，古希腊哲学家、数学家毕达哥拉斯提出人类居住的大地是球形的。他认为对称形式是物质的完美属性之一，而最完美的对称形状就是球形。于是他推测人类居住的地方应该是用最完美的形式创造的，呈球形。

毕达哥拉斯雕像

古希腊哲学家柏拉图第一次明

矗立在雅典街头的柏拉图全身雕像

确提出大地是一个球体，并说这个球体位于宇宙的中心，其他天体都环绕这个球体做圆周运动。他的学生亚里士多德进一步通过实际观测推测出地球是个球体。之后，诸多学者投入到计算地球大小的行列中。古希腊数学家、天文学家托勒密承袭了大地球形说，把赤道分为 360 等份，初步建立了经纬网，提出了地球宇宙中心说，他写的《天文学大成》在很长一段时间被尊为天文学的经典著作，影响深远。

亚里士多德雕像

005 是谁率领船队第一次实现了环球航行？

1519 年 9 月，葡萄牙人麦哲伦率领一支由 5 艘船和 200 多名船员组成的探险船队从西班牙起航，向西寻找一条通往印度尼西亚的海路。

船队穿越大西洋，沿着南美洲东海岸一路南下，终于在南美洲南部巴塔哥尼亚地区发现了我们现在称之为麦哲伦海峡的通道。经过这个通道，船队驶入了一片他们从未到达过的海域——太平洋。在此期间，船队经历了内部叛乱、风暴、严寒和饥饿。

经过漫长的航行，1521 年 3 月，剩余的 3 艘船抵达菲律宾群岛。在这里，麦哲伦死于部落冲突。

到 1521 年 5 月，这支船队只剩下 2 艘船，其中一艘船在船长埃斯皮诺萨的带领下取道东行，横渡太平洋驶向巴拿马湾，但因途中遭遇各种困难，最终大概只有 5 名船员活着回到西班牙，其中包括船长埃斯皮诺萨；另一艘船在船长埃尔卡诺的带领下穿过好望角，于 1522 年 9 月回到了西班牙，有 18 名船员存活。

虽然麦哲伦率领船队出发时的目标只是寻找一条通往马鲁古群岛的西部航道，但是事实最终证明地球确实是一个球体，而且比人们之前想象的要大得多。尽管麦哲伦不幸死于环球航行之中，但他是首次环球航行的组织者和领导者，带领船队航行并发现巴塔哥尼亚陆地、麦哲伦海峡，横渡太平洋，克服了航行中的诸多困难和挑战。

006 地球仪与地球形状完全相同吗？

地球究竟是什么样子的？真如地球仪那样，是一个规规矩矩的正球体吗？观察宇航员和人造地球卫星拍摄的地球照片，我们都会认为地球的形状就是标准球形。殊不知，有时“眼见也不一定为实”哦。

事实上，地球并不是一个标准的正球体，我们甚至无法准确描述它的样子。麦哲伦船队的环球航行证明了地球是一个球体之后，牛顿在研究地球自转对地球形态的影响时，从理论上推断地球并不是正球体，而是一个赤道略鼓、两极略扁的椭球体。如果通过地心把地球切成两半并进行测量，那么从地心到地球表面不同位置的长度是不同的。

现代技术精确测量出了地球的大小：赤道半径为 6378 千米，极半径为 6357 千米，表面积约 5.1 亿平方千米。其中，北极地区略向外凸，南极地区则略向里凹。这样看起来，地球就像一个巨大的秋月梨，北极就是梨蒂，南极就是梨脐。

地球太大了，为了便于看到它的全貌，人们仿照地球的形状，按照一定的比例把它缩小，制作了地球的模型——地球仪。地球缩小到地球仪大小时，赤道半径和极半径的差别可忽略不计。因此，人们将地球仪设计为标准的球体。

在太空中拍摄的地球影像图

007 地球在自转，我怎么感觉不到？

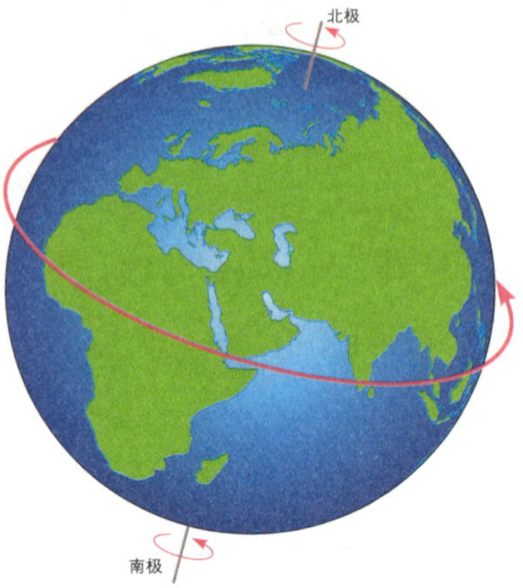

地球自转示意图

试想一下，当你坐在一辆匀速平稳行驶的汽车里闭目养神时，你是否有一瞬间觉得自己是静止的呢？而当汽车突然刹车时，惯性会使你的身体向前倾，此时你突然醒来：哦，我原来一直都处于运动的状态中。生活在地球上的我们，时时刻刻都在随着地球的自转而运动，但为什么我们感觉不到呢？

地球自转一周需要 24 小时。在赤道地区，地球自转的速度约为 1670 千米 / 时。也就是说，生活在赤道地区的人们每秒钟随地球自转移动约 464 米。尽管如此，人们依然无法感知到地球在高速旋转，这是为什么呢？

其实，我们与地球上的其他事物，包括大气，形成了一个紧密相连的整体，并与地球保持相同的运动速度。由于地球的旋转速度非常稳定，没有明显的加速或减速过程，所以我们生活在地球上就像坐在匀速行驶的汽车里一样，无法感知到自己正处于快速运动之中。

小拓展

假如地球突然停止转动，我们将会目睹一个个震撼的场面！因为惯性的作用，地球表面许多事物会飞出去。与此同时，山体崩塌，地面裂开，汹涌的大海翻腾倾泻，地壳也会被撕裂，场景之壮观，相信是任何一部灾难电影都无可比拟的！另外，地球停止自转会导致昼夜变得极端，白天和黑夜各长达半年。这样的极端环境对地球上的生命是非常不利的。

008 国外体育赛事的直播时间为啥与北京时间不同？

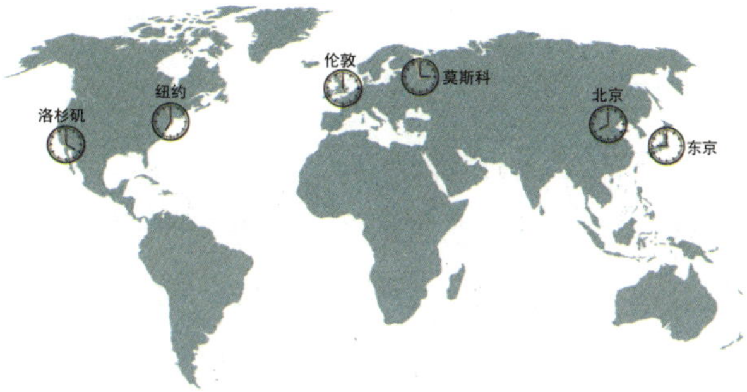

同一时刻，不同的时间

2022 年卡塔尔世界杯决赛于当地时间 12 月 18 日 18 点（北京时间 12 月 18 日 23 点）在卢塞尔体育场鸣哨开赛。当时的现场观众与远在中国坐在电视机前收看直播的观众在同一时刻观看同一场精彩赛事，但显然这个“同一时刻”又不“同时”。这是怎么回事呢？

由于地球在不停地自转，地球表面接受太阳照射的范围在不断发生变化，总是有的地方正在被太阳照射，处于白天，而有的地方不被太阳照射，处于黑夜。这种昼夜状态的不同实际上就是时间的不同。通常可以根据太阳的位置来大致判断时间，日出为晨，日落为昏，晨昏之间为午。太阳处于当地正南方时便是当地的正午。位于同一条经线上的各地，太阳经过当地正南方时时间相同；而经度不同的各地，太阳经过各地正南方的时间也就不同。如果把太阳经过经度不同的各地正南方的时间定为 12 点，那么各地就出现了地方时。经度相差 15°，地方时相差 1 小时。

为解决不同地区对时间的表达不一致所造成的困扰，地球被划分为 24 个时区。每个时区的经度跨度为 15°，即两个相邻时区的地方时相差 1 小时。每个时区都有自己的地方时。

现在来回答上面提出的问题：北京位于东八区，卡塔尔位于东三区，北京时间比卡塔尔时间早 5 个小时。因此，卡塔尔当地时间 18 点开始的比赛，中国观众观看直播的时间就是 23 点。

009 为什么热带地区那么热，而寒带地区却那么冷？

由于地球倾斜着身子绕太阳公转，且地轴倾角约为 23.5°，因此，太阳直射点在南北纬 23.5° 之间往返移动，而南北纬 23.5° 所在的纬线圈也就分别被称为南北回归线。地球表面位于南北纬 23.5° 之间的区域因能得到丰富的太阳光热而被称为热带，而位于南北纬 66.5° 与南北极点之间的地区则因获得的太阳光热太少而被称为寒带，其他地区则被称为温带。

热带位于低纬度地区，有太阳直射现象，全年太阳高度角很大，地面吸收的太阳辐射非常多，因此终年高温，年温差小，没有明显的四季变化。

热带景观

寒带位于高纬度地区，主要包括两极地区，那里远离地球上的太阳直射区域，有极昼、极夜现象。极夜期间大部分时间接收不到太阳的光热，极昼期间也由于太阳高度角较低，只有很少的太阳热量能到达地表，因此全年气候寒冷。

寒带景观

第二章 描绘我们的世界

010 为什么北极星能指引方向？

白天，人们可以根据太阳的位置来确定方向。而当夜幕降临，璀璨星空中有这样一颗星也可以给人们指引方向，它就是北极星。北极星是古时航海、野外活动时，人们辨认方向的一个重要参照物。北极星所在的位置非常接近天空中一个被称为北天极的点，大致是地球北极的正上方，地轴北端就指向这个位置。夜间，我们会发现围绕在北天极周围的星星似乎都在绕着天空旋转，星星离北天极越远，它绕天空旋转的圈越大；反之，绕天空旋转的圈就越小。北极星因离北天极很近，所以绕天空旋转的圈非常小，好像停留在原位置不动似的。因此，夜间利用北极星来判断方向是一个行之有效的办法。

面向北极星时，东方在你的右边，西方在你的左边，南方在你的后面。当你向北行进时，会发现天空中的北极星越升越高。如果走到北极，北极星就会出现在头顶正上方。当你向南行进时，会发现天空中北极星的位置越来越低，走到赤道上时，北极星会降到靠近北方地平线的地方。越过赤道后，北极星沉入地平线以下，在南半球是看不见北极星的。

值得注意的是，北极星是一颗恒星，但并不是固定不变的某一颗恒星，而是某个阶段来到北天极的恒星。现阶段的北极星可根据北斗七星的位置来确定。北斗七星像一只勺子，将勺端两颗星的连线向外延长5倍左右的长度，便可找到北极星。

北极星的位置

011 登山时，你会如何选择登山路线？

当你准备开启一场激动人心的登山之旅时，你将如何选择路线呢？要知道，选择合适的登山路线是成功登顶的关键。

首先要明确一个原则：安全第一。登山时选择相对容易、安全的路线是最重要的。然后，在此基础上，尽量选择路程较短的路线，以节省体力和时间。

登山路线

选择合适的登山路线需要了解当地地形，而研究等高线地形图能帮助我们了解山形和地势。通常情况下，沿着山脊攀登是较佳选择，因为那里视野开阔；山谷通常植被较密，行进困难。另外，登山时还要考虑山的高度。虽然高度并不是唯一的难度衡量标准，但它的确是一个重要因素。攀登不同高度的山峰能帮助我们逐步提高登山能力。最后，天气和季节也是需要考虑的重要因素，以便适时调整路线。如果你在夏季登山，有两点建议供你参考：第一，确保路线附近有山溪或河流，以便及时补充水分；第二，避免长时间暴晒。

希望你在未来的登山之旅中能够运用这些知识，让登山之旅更加安全、轻松和愉快！

012 山区探险迷路时怎么办?

在山区探险的过程中，我们有时可能会迷失方向。遇到这种情况时，该怎么办呢?

当你迷失在山区时，首先要做到不慌张。你需要爬到一个地势较高、视野开阔的地方，以方便观察周围的环境。然后，你可以试着寻找水源。要知道，沿着河流或小溪往下游走，能帮助你找到离开山区的出路。那该如何寻找水源呢?

山中溪流

山区水源通常隐藏在地势低洼的地方，比如山谷，因为山谷有汇集水的能力。此外，要学会倾听大自然的声音。在寂静的山林中，你的耳朵就像一台超级探测仪，可以捕捉到流水、瀑布或动物的声音。如果你听到了流水声，就顺着声音去寻找水源吧！也可以通过观察植被找到水源，植被茂密的地方通常水分充足。还可以密切关注小动物的行踪，它们就像指路的向导，能带你找到隐藏在大自然中的水源。

了解了在山区寻找水源的小知识，你是不是觉得自己离大自然更近了呢?

013 地球表面高高低低，呈现各种形态，它们如何称呼？

地球表面的陆地有5种基本形态：平原、高原、丘陵、山地和盆地。

五种地形示意

平原是海拔在200米以下、地势较为平坦的广阔区域，它就像铺在地球表面的一张张地毯，为我们提供了良好的居住和耕作环境。南美洲的亚马孙平原是世界上面积最大的平原，是野生动植物的天堂。高原是海拔多在1000米以上、地势相对平坦或有一定起伏的广阔地区。青藏高原被称为“世界屋脊”，平均海拔在4000米以上，是地球上最高的高原。丘陵的海拔多在200~500米，地势起伏相对较小。哈萨克丘陵是世界上面积最大的丘陵。山地的海拔多在500米以上，地势起伏较大，山坡陡峻，沟谷幽深。盆地是四周高、中间低的区域，它就像一口大盆，收集着从四周高原或山地流淌下来的水，并接受沉积物沉积充填。

5种地形就像拼块一样构成了五彩斑斓的地球表面，塑造了丰富多样的自然景观和环境。

014 海底是平坦的吗？

茫茫大海，有时风平浪静，有时波涛汹涌，变幻莫测。大海深处的神秘世界又是怎样的呢？如果把海洋中的水全部抽干，会发现海底与陆地一样——地形复杂。那里也有平坦的平原、起伏的山脉等。

海底地形包括大陆架、大陆坡、海沟、洋盆和海岭等。大陆架是大陆沿岸土地在海面下的延伸，它被海水淹没，水深一般在 200 米以内。大陆坡是大陆和大洋之间的“悬崖”，位于大陆架的边缘，水深从 200 米陡增到上千米。它就像一个巨大的台阶，通往神秘的深海世界。海沟是海底最深的地方，它就像陆地上的峡谷，狭长而陡峭。世界上最深的海沟——马里亚纳海沟，深度达到了惊人的 11034 米！洋盆是大洋底部的主要部分，它面积宽广，像一个巨大的“海底平原”，水深通常为 3000~6000 米。海岭则是海底“脊梁”，它是海底的山脉，可高出两侧海底 2000~4000 米，长度多在上千米。它们是地球上最长、最壮观的山脉，只因隐藏在深海之下而不被我们发现。

海底地形

第三章 海洋与陆地

015 世界上第一个进入外层空间世界的人是谁?

在人类社会发展的历史长河中，1961 年 4 月 12 日是一个值得纪念的日子。这一天，苏联航天员尤里 · 阿列克谢耶维奇 · 加加林乘坐“东方 1 号”宇宙飞船冲破地球大气层，成为第一个进入外层空间世界的人。经过 1 小时 48 分钟的飞行，他成功完成绕地球一周的艰巨任务。

在太空中，加加林见到了一个人类从未见过的地球，他这样形容自己看到的景象:“天空非常幽暗，而地球是蓝色的，看起来一切都很清晰。”这句话恰如其分地描绘了地球在浩瀚宇宙中的样子。

那么，为什么地球呈现出一片蓝色呢? 这是因为地球表面 71% 的面积被海水覆盖，海水会吸收太阳光中的红光、黄光等波长较长的光线，而波长较短的蓝光则会被反射至地球之外。因此，从太空中看，地球就如同一个蔚蓝色的“水球”。

加加林

现在，当我们抬头仰望星空时，不妨想一想加加林当年在太空中看到的那个蔚蓝色的“水球”。这个星球是人类共同的家园，更是地球上所有生物共同的摇篮。让我们珍惜这个美丽的“水球”，共同守护美好未来。

016 白令、白令海峡、白令海、白令岛四者之间有什么联系？

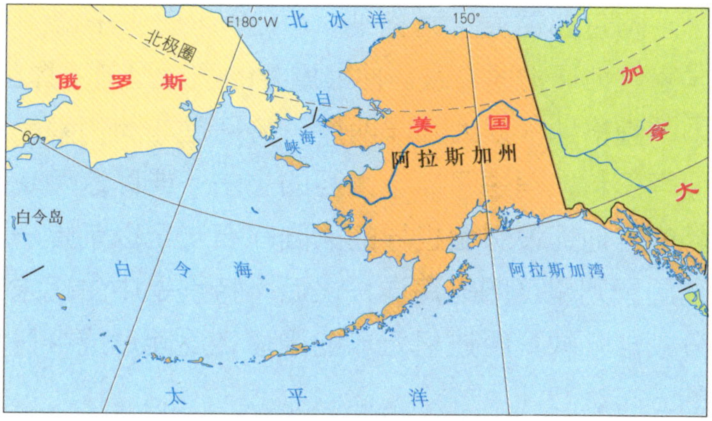

白令海峡及其周边地区示意图

白令海峡是亚洲与北美洲的分界线。翻开世界地图，在亚洲的东端与北美洲的西端附近，你不仅能看到白令海峡，还能看到白令海。此时，你的脑海中会不会产生这样一个疑问：这两个地理事物的名称中都有“白令”二字，它们之间是不是有什么联系？确实，它们之间是有联系的，并且，它们还有其他的“团队成员”：白令岛、白令角和白令冰川。那么，这些地理事物之间究竟有什么联系呢？其实，它们都和一个人有关——维图斯·约纳森·白令。

维图斯·约纳森·白令是丹麦籍俄国海军军官，是世界上著名的探险家。1725 年初，白令奉沙皇彼得一世之命，率领探险队从圣彼得堡出发，第一次向东远征。这次远征过程中，白令向世人首次证实了亚洲和北美洲并不相连。为纪念这一重大发现，后人将分隔亚洲与北美洲的海峡命名为白令海峡。1733 年，白令第二次率领探险队向东远征，在持续近 9 年的探险过程中，他们发现了北美洲海岸、阿留申群岛的一部分，以及后来被命名的白令岛等。但这次远征也成为白令的最后一次远征。1741 年 12 月，白令因病葬身于白令岛。

017 魏格纳是谁？他有什么惊人的发现？

阿尔弗雷德·魏格纳，1880 年出生于德国柏林，著名的气象学家、地球物理学家。他最重要的贡献是首次提出“大陆漂移说”。

魏格纳根据大西洋两岸，特别是非洲和南美洲海岸轮廓非常相似等资料，萌生了一个大胆的想法：或许这两块陆地曾经是连在一起的？他还设想全世界的大陆在石炭纪以前是一块庞大陆地，而大陆周围则是辽阔的海洋；之后，特别是中生代末期，这个原始大陆分裂成几块，经过亿万年的漂移，逐渐形成今日世界上大洲和大洋的分布状态。

经过深入探究与总结，1912 年 1 月，魏格纳在法兰克福地质协会上作了题为“从地球物理学的基础上论地壳轮廓（大陆与海岸）的生成”的演讲，提出了大陆漂移理论，用以解释大陆在整个地球演变历史中如何运动和变化。这个假说在当时引起了地质学界及地球物理学界的重视，但因在解释一些重大问题，如大陆移动的原动力、深源地震、造山构造等时遇到困难而一度归于沉寂。

20 世纪 50 年代，科学家先后在各大洋底进行洋底磁场测量，随着研究的深入，沉寂的“大陆漂移说”又被提了出来。古地磁的研究为大陆漂移带来了新证据。

约 2 亿年前，泛大陆分裂为劳亚古陆和冈瓦纳古陆。大约在 1.35 亿年前，冈瓦纳古陆开始分裂成南美洲—非洲、澳大利亚—南极洲和印度大陆。到 6500 万年前，南美洲和非洲已分裂开，印度大陆迅速向北漂移。约 5000 万年前，印度大陆撞上亚欧大陆，两大陆相互挤压导致喜马拉雅山脉的形成。北美洲和欧洲在约 5500 万年前才分裂。分裂出来的大陆缓慢地漂移到现在的位置。

018 为什么喜马拉雅山脉有海洋生物化石？

喜马拉雅山

我国地质工作者在喜马拉雅山考察时，发现岩石中含有鱼、海螺、海藻等海洋生物化石，这些化石的形成年代跨度很大，其中三叶虫是最具代表性的远古海洋生物，它在距今约 5.41 亿年至 4.85 亿年前的寒武纪就已出现，而青藏高原上的早古生代地层中就藏着三叶虫化石。鱼龙是一种类似鱼和海豚的大型肉食性海栖爬行动物，喜马拉雅山脉上发现的鱼龙生活于三叠纪时期。这听起来似乎令人难以置信。人们不禁要问：为什么喜马拉雅山脉上会有海洋生物化石呢？

经科学家研究和分析，在距今约两亿年的中生代早期，地球上的陆地由南北两大古大陆组成，喜马拉雅山脉所在地区还是一片浩瀚的海洋，属古地中海的一部分。后来，印度洋板块俯冲至亚欧板块之下，造成地壳重叠并导致地表大面积抬升，该地区海底不断上升，海水退去，青藏高原逐渐成形。到第四纪时期，该地区进一步抬升，在喜马拉雅造山运动中，伴随着板块的碰撞，一座座巍峨雄伟的山峰拔地而起，沉睡在海底的海洋生物化石现身于“世界屋脊”。

019 有人预言地中海会消失，你相信吗？

地球面貌不仅多姿多彩，还充满变化。海陆变迁、气候变化、物种进化……不一而足。人类也通过努力不断地揭开地球生命演化的历史，描绘未来蓝图。在这个过程中，有人预言地中海会消失，你相信吗？

根据现今板块运动的方向和趋势来预测，答案是肯定的。根据板块构造理论，各大板块间的相互运动是导致海陆变迁的主要原因。板块分离处（生长边界），岩浆上涌，形成火山；板块碰撞挤压处（消亡边界），形成山脉或者海沟等。在陆地上，板块生长边界通常以裂谷的形式呈现，如著名的东非大裂谷；板块消亡边界会褶皱成山，如喜马拉雅山脉。在海洋里，板块生长边界通常形成大洋中脊，而消亡边界（大洋板块密度更大，会插到大陆板块之下）通常形成海沟。

地中海风光

海洋的生命历程也由板块的生长和消亡决定，板块间作张裂运动，则海洋扩大；板块间作挤压运动，则海洋缩小。地中海位于亚欧大陆与非洲大陆之间，正处于亚欧板块与非洲板块相互碰撞挤压的消亡边界，这将会导致地中海海底不断抬升，直至海水全部退去，亚欧非大陆连成一个整体。所以，地中海终将消失！

020 为什么会发生地震？

板块运动产生地震示意图

地震是地球上极具破坏性的自然灾害之一，平均每天都会发生上万次。绝大多数地震的规模较小，人们几乎感觉不到。但是一旦发生大地震，人们就可能要面临巨大的生命和财产损失。那么，地震是如何产生的呢？板块运动、火山活动，以及人类活动都可能引发地震。

地震通常是由构成地壳的板块运动引起的。板块运动时，相互之间会发生摩擦和挤压，这个过程中岩层内会积累巨大的压力，当压力足够大时，岩层会突然发生断裂，甚至沿着断裂面发生相对位移，同时以地震波的形式释放出巨大的能量，如此便会引发地面震动。

地震也可能由火山活动引起，这种地震通常被称为“火山地震”。火山地震既可能与火山喷发有关，也可能与火山通道或岩浆库内的岩浆运动有关，一般情况下强度和波及范围较小。

人类活动也会引发地震，被称为“人工地震”。例如，建设大型水库、开采石油和天然气，以及进行地下爆破施工等都可能改变地壳岩层的压力，导致地震发生。

全球地震集中发生于地壳比较活跃的板块交界地带，如环太平洋火山、地震带和地中海—喜马拉雅火山、地震带。

021 海底有火山、地震吗？

火山是地球深处的高温岩浆、气体、碎屑等物质从地壳薄弱处喷出，并在出口处堆积形成的锥形山，它是地球释放内部热量和压力的重要通道。

不仅在陆地上，辽阔的大海深处也有数量众多的火山。事实上，海底火山喷发约占全球火山喷发总量的3/4。为什么大海深处也有火山呢？这就需要运用板块构造理论来进行解释。

板块运动不仅可以重塑地表形态，还会引发地震和火山喷发。当两个板块发生碰撞并相互挤压时，较重的板块会俯冲到较轻的板块下方，俯冲带的岩石因受到高压而变成熔融态，下方炽热的岩浆则有机会向上运动。随着时间的流逝，岩浆不断汇聚于地壳底部，最终冲破地壳喷涌而出。海底火山喷发后，高温岩浆遇水会迅速凝固。随着凝固熔岩的不断积累，火山口周围逐渐形成一座山。两个板块向两侧作张裂运动时会形成裂缝，下方熔融的岩浆进入裂缝后会迅速冷却，将裂缝填充。著名的大西洋中脊就是这样形成的。

世界大洋平均水深3000多米，绝大多数的海底火山喷发时是“默默无闻”的，也有的海底火山经过不懈“努力”，山体越堆越高，直至跃出海面，形成火山岛。太平洋上的夏威夷群岛就是这样的火山岛。

海底火山喷发

第四章 风云之变

022 大气为何被称为地球的“保护伞”？

大气层保护地球免受太阳强辐射的影响

包围地球的大气由多种物质构成，主要包括氮气、氧气、二氧化碳，还有少量的其他气体（如水蒸气、氩气等）和杂质。大气虽无形无色，却扮演着极其重要的角色。地球之所以生机勃勃、五彩缤纷，一个至关重要的原因就是大气为地球撑起了一把“保护伞”。

大气对地球的保护作用主要体现在 4 方面。第一，大气给地球上的各种生物提供了适宜的温度条件。白天，厚厚的大气层能有效削弱到达地表的太阳辐射，晚上又能阻止地面热量散失，维持了适宜生命生存的地表温度。第二，紫外线会对人的皮肤和眼睛造成严重伤害，而大气层中的臭氧可以吸收和反射紫外线，保护人的生命安全。另外，宇宙环境中还充斥着大量危及生命的高能射线，如伽马射线等，大气层对它们都有很好的削弱作用。第三，太空中漂浮的流星体在接近地球时会受引力作用而冲向地球，它们对地球的威胁是巨大而随机的。然而，在实际中，这些流星体造成的破坏通常并不严重。这是因为大多数流星体在穿过大气层，落到地面之前会与大气摩擦发热而燃烧殆尽。第四，大气是地球上水循环的重要媒介。海面上蒸发的水汽由大气运动带到陆地上空，在合适的条件下形成降水，进而为陆地带来勃勃生机。同时，大气能锁住地球上的水汽，避免水分流失。

023 夏天那么热，为什么会下冰雹？

小朋友，你知道为什么炎热的夏天会下冰雹吗？冰雹就像一颗颗冰球，有的小如玉米粒，有的大如鸡蛋。那它们是如何形成的呢？

想象一下，夏天蒸发很旺盛，阳光把地面烤得滚烫，地面附近的空气受热后变得轻飘飘的，就像热气球一样开始向上升。这些上升的热空气中夹杂着大量的水汽，到达一定高度后可形成一种叫作积雨云的云层。积雨云的厚度有时可达上万米，由水滴、冰晶和雪花组成，一般分为上、中、下 3 层：最下一层温度在 0℃以上，由水滴组成；中间层温度为 −20~0℃，由过冷却水滴、冰晶和雪花组成；最上一层温度在 −20℃以下，基本由冰晶和雪花组成。

在积雨云中，上升气流变化无常，时强时弱。当上升气流比较强时，云层下部水滴被带到云的中上层，水滴便很快凝固成小冰晶。小冰晶在下降过程中跟过冷却水滴碰撞后就冻结成不透明的冰核，这就形成了冰雹胚胎。由于积雨云中气流升降变化很剧烈，冰雹胚胎也就这样一次又一次地在空中上下翻滚着，附着更多的过冷却水滴，好像滚雪球似的，越滚越大。一旦滚成大的冰雹，在云中上升气流托不住时，它就一落千丈，从空中摔下来。

冰雹

024 为什么冬天会下雪？

雪的形成和雨的形成有很多共同点，毕竟都是“水”，区别在于雪是固态，雨是液态。一般来说，只有气温低于 0℃时，水才会结成冰，以固态形式存在。因此，降雪通常发生在寒冷的冬季。具体来说，当富含水蒸气的暖空气在上升过程中遇冷时，水蒸气便会液化成小水滴或凝华成小冰晶，形成云。小冰晶漂浮在云中，随着更多的小水滴冻结在它的表面，冰晶重量逐渐增加，重量增加到一定程度后，冰晶就会向下掉落，落到地面是雪花时，就是下雪了。

下雪需要多冷？一般地面温度须降至 3℃以下。如果温度稍高，则会形成雨夹雪或雨。

另外，如果冷空气相当强烈，并带着湿气，1~10℃的气温同样可以降雪。

降雪

025 霾是如何形成的？

霾笼罩下的城市

霾，就像一个不受欢迎的客人，偶尔悄悄地来到我们的城市，让城市的天空变得朦胧不清。那么，它究竟是如何形成的呢？

首先，我们要从微观角度认识霾——空气中悬浮的颗粒物，这些颗粒物主要来自污染物的排放。随着城市人口的增长和工业发展、燃油汽车数量增加，空气中的污染物和悬浮物也大量增加了。当满足一定的气象条件时，霾便形成了。那什么样的气象条件有利于霾的形成呢？第一，出现静风现象。城市里高楼林立，阻挡和摩擦作用使风吹过城区时风力明显减弱，这不利于大气中悬浮颗粒物的扩散稀释。第二，出现逆温（逆温是指高空的气温比低空的气温更高的现象）。大气逆温层形成后，近地面大气稳定，不容易上下移动形成对流，这样就会使近地面空气中的污染物堆积，增加近地面空气的污染程度。

那么，如何预防和减少霾的出现呢？首先，要减少污染物排放。例如，治理工业污染、推广使用电动汽车等。其次，可以通过植树造林等方法，增加绿色植被，帮助吸收和净化空气中的污染物。

阅读了上面的内容后，你打算为减少霾的出现做些什么呢？

026 为什么会出现沙尘暴？

你见过沙尘暴吗？沙尘暴是一种让人不太喜欢的天气现象，它让空气变得混浊，让我们的呼吸变得不顺畅。那么，为什么会出现沙尘暴呢？

沙尘暴的形成需要强风、强热力不稳定和沙源这 3 个重要条件。强风是沙尘暴的动力来源，不稳定的热力条件有利于强风的形成，沙尘则是沙尘暴的原料。强风吹过沙漠或干燥的地面时，便会卷起大量沙尘，导致空气混浊，能见度降低，其中能见度小于 1000 米的严重风沙现象就是沙尘暴。

沙尘暴并不仅仅是自然原因造成的。事实上，人类活动也对其形成有一定影响。过度放牧、滥伐森林、工矿开采和过度垦荒等行为，破坏了地表植被，使土壤裸露、大面积的土地沙化，为沙尘暴的形成提供了条件。可见，植树种草、修复土地，让大地绿意盎然是治理沙尘暴的根本方法。

沙尘暴就像大自然对人类的警示，它警示人类要善待地球，保护环境。只有这样，大自然才会还给人类一个美丽的家园。

沙尘暴笼罩下的城市

027 你知道晨练时要了解空气质量吗?

晨练

很多人认为每日早起锻炼是一个良好的习惯，认为早上的空气很清新，让人感觉心旷神怡。那事实是不是这样呢？其实，早晨并不是非常适宜锻炼的时间。原因主要有两点：早晨空气中的氧气浓度较低；早晨空气中的污染物浓度较高，空气质量较差。

首先，从健康角度出发，空气中氧气含量高有利于人体的健康。空气中的氧气主要来源于绿色植物的光合作用，而光合作用是需要有光的。夜间，植物的光合作用就会停止，呼吸作用持续进行，会消耗空气中的氧气并释放二氧化碳。很显然，早晨空气中的二氧化碳浓度较高。其次，大气中的污染物主要分布在大气层底部。在距地面 300~1000 米的位置有一个大气边界层，其与人类活动、大气污染物的扩散密切相关，大气污染问题也主要发生在这一层。大气边界层的范围在一天中会因天气条件等因素而发生变化。在夜间，大气边界层的厚度变小，那么大气污染物的扩散空间就会变小，污染物浓度就会升高。此外，如果夜间出现逆温现象，也不利于污染物的扩散。

综上所述，早晨的空气质量是比较差的。为了身体健康，进行晨练时应多多关注实时空气质量。

028 为什么昼夜温差大利于瓜果糖分的积累？

你有没有发现，在炎热的夏天吃到的水果尤其酸甜可口？这背后可是有一个地理奥秘哦！今天我们就来探究一下：为什么昼夜温差大有利于瓜果糖分的积累？

吐鲁番的葡萄

想象一下，植物就像一个小小的糖果加工厂。白天，植物会在阳光的照射下进行光合作用，将二氧化碳和水转化成糖。这就好比糖果加工厂里的生产线，将原料加工成美味的糖果。而到了夜晚，植物会进行呼吸作用，消耗掉一部分糖。这就像工厂在生产过程中需要投入生产、运营成本。昼夜温差大的地方，白天气温高，光照强，植物的光合作用旺盛，能产生很多糖；而晚上气温低，植物的呼吸作用弱，消耗的糖较少。这样，植物积累的糖就多，水果就会更甜。中国吐鲁番的瓜果特别甜就是这样一个典型的例子。那里夏季昼夜温差大，日照充足，在这样的地理环境中生长的葡萄、梨、哈密瓜等瓜果深受大家喜爱。

029 为什么登山要预防失温？

登山作为一项户外运动，近年越来越受到人们的喜爱。许多朋友喜欢徒步登山，享受山中风景、登高远眺带给自己的快乐。但你知道吗？登山也存在极大的风险，而且某些风险常常被人忽视，比如失温。

登山者

一般来说，气温会随着海拔的升高而降低（因为大气升温主要来自对地面长波辐射的吸收。海拔高的地方，空气稀薄，白天，空气对地面长波辐射的吸收少，温度低；晚上，大气的保温作用差，温度低）。这就是为什么有些山的山顶上常年覆盖着厚厚的积雪，即使在夏季也是如此。

向上攀登高峰时，人体要不断适应越来越低的温度。当体内热量流失大于热量补给时，身体核心区温度降低，身体会随之出现一系列症状，如寒战、心肺功能衰竭等。如果不及时处理，可能导致人意识丧失、昏迷，甚至死亡。

那么，应如何预防失温呢？答案就是准备充足的御寒装备和食物，并在登山过程中密切注意自己的身体变化。此外，登山前关注天气预报十分有必要，以便在恶劣天气来临前做好准备。

030 世界“雨极”在哪里?

乞拉朋齐位于印度东北部梅加拉亚邦，紧邻孟加拉国。1861年，乞拉朋齐创下了一年内降水量达20447毫米的世界纪录，夺得世界“雨极”称号。1960年8月至1961年7月，乞拉朋齐年降水量再创新高，达到了26461毫米。

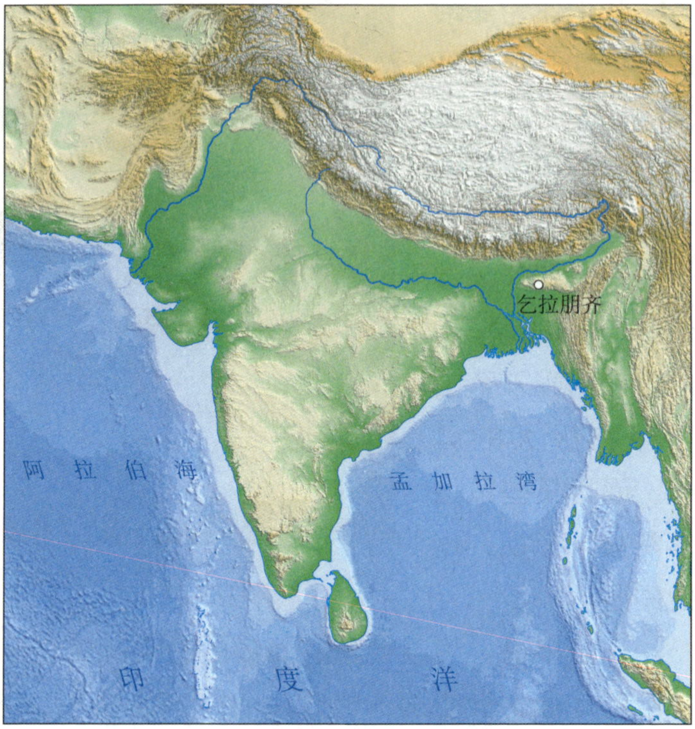

乞拉朋齐位置示意图

乞拉朋齐究竟因何能长期“霸占”世界降水量排行榜榜首之位?原因主要有两点：一是水汽来源充足，二是受地形因素的影响。乞拉朋齐所处的地区为典型的热带季风气候区，一年内有明显的旱雨两季。夏季时盛行西南季风，印度洋洋面上充沛的水汽被源源不断地向北输送。乞拉朋齐东、西、北三面都是山地，当湿润的西南季风从孟加拉湾经恒河三角洲抵达乞拉朋齐后，暖湿气流会因山地的阻隔而被迫沿山坡向上爬升，爬升过程中遇冷凝结形成地形雨。乞拉朋齐正处于山地易降雨的核心位置，因此降水量很大。

031 世界“干极”在哪里?

世界上最干旱的地方是位于南美洲西海岸中部的阿塔卡马沙漠，该沙漠分布于安第斯山脉和太平洋之间的一个狭长区域，大部分位于智利境内，属于热带沙漠气候区，终年高温干燥，年平均降水量少于 0.1 毫米，是世界上最干旱的地区。

阿塔卡马沙漠

究竟是什么原因使一个濒临海洋的地区气候如此干旱呢？第一，南回归线恰好穿过阿塔卡马沙漠，受大气环流影响，该地区常年受副热带高压的控制，盛行下沉气流，难有降水。第二，受东南信风的影响，即使该地区西濒太平洋，但东南信风无法将太平洋上空的水汽吹到陆地上。第三，受地形影响，从大西洋吹来的水汽因受到高大的安第斯山脉的阻挡而无法到达该地区。此外，阿塔卡马沙漠西部海域中有一股强大的秘鲁寒流，受其影响，沿岸海面气温低，蒸发作用弱，且越往高空，受寒流影响越小，气温反而变高，这便形成了一个逆温层，使本来就不多的水汽难以扩散上升。这样，世界“干极”便诞生了。

032 干旱会带来什么？

干旱导致土地龟裂

想象一下，在一个没有水的世界，树木枯萎，土地龟裂，河流干涸，这样的景象多么恐怖。干旱本身是一种自然现象，当一个地区长期降水不足，水资源短缺时，就会出现干旱。

那么，干旱会给我们的生活、经济和环境带来哪些影响呢？首先，干旱会让农作物无法茁壮成长。当干旱来临，庄稼会因缺水而枯萎，从而导致农作物减产甚至绝收，进而威胁到粮食安全。其次，干旱会导致水资源供应紧张。当干旱来临，河流、湖泊水量减少，地下水位下降，进而影响农业、工业用水和城市供水。此外，干旱还会影响生态环境。长时间的干旱不仅会使水质恶化，威胁水生动植物的生存，还会导致土地沙化、森林火灾等问题。

那应如何应对干旱呢？首先，节约用水是非常重要的。其次，要加强生态建设，治理水污染、保护水资源。此外，随着科技的发展，培育抗旱作物、实施人工降雨也是抗旱的有效手段。

033 洪涝会带来什么？

洪涝

洪涝具有两面性，它既会带来灾难，也能带来营养物质，增加土壤肥力。

洪涝发生时，不仅大片土地被淹没，房屋、道路和桥梁被冲毁，电力、通信等基础设施遭到破坏，还会造成工厂停工、商店停业，甚至一定数量的人员伤亡等。此外，洪涝还可能引发疫病、社会不安定等一系列问题。

那么，应如何预防和应对洪涝灾害呢？从国家角度出发，可以修建水库、堤防等防洪设施，提高抗洪能力；加强应急救援和救灾能力建设，减少洪涝灾害对人们生产生活的影响。从个人角度出发，应多关注本地新闻和天气预报，做好应对停电、停水、停气的准备；接到洪水预警信息时，应备足食品、衣物、饮用水、生活日用品和必要的医疗用品，妥善处理家庭贵重物品；准备能使用的通信设备，收集手电、口哨、镜子、色彩艳丽的衣服等可作为求救时使用的物品。如果需要外出避难，应至少准备一个可随身携带的应急包。

034 人类探索沙漠的好帮手是什么？

地球表面约 1/3 的陆地为沙漠。沙漠地区不仅降水稀少、气候干旱，而且白天气温高，夜晚气温低，昼夜温差大，多风沙天气。如此恶劣的环境非常不适合人类生存。但是，有这样一种动物，它能够在贫瘠的荒漠中繁衍生息，在 5 ~ 7 天未饮水和进食的情况下仍能顽强地活着，它仿佛就是为沙漠而生的，这种动物就是被称作“沙漠之舟”的骆驼。

那么，为什么骆驼能够在较长时间不吃不喝的情况下继续行走于沙漠之中呢？首先，骆驼可以将食物产生的能量以脂肪的形式存储到背上耸立的驼峰里。当它们无法获得食物时，这些脂肪就可以转化为能量，维持生命活动所需。其次，在漫长的自然选择过程中，骆驼进化出了放宽恒温区的体温调节机制，使身体具有了“保水”功能。具体来说，骆驼在高温缺水的条件下，其体温可在 34℃到 41℃之间波动。当外界气温达五六十摄氏度时，骆驼的体温也会升高。这样，骆驼的身体与外界环境之间的温差就会缩小，骆驼就可以减少排汗，故能减少体内水分的散失。此外，骆驼的身体结构非常适应沙漠环境。它们有双重眼睑，睫毛长且浓密；鼻孔能闭合；耳孔长满耳毛，可以防止风沙侵入；足宽大扁平，有肉垫，不仅有利于在松软的沙地上行走，还耐得住滚烫的沙粒；胸部和膝盖也有肉垫，趴下休息时可以隔热……

骆驼不仅自身装备“硬核”，还能帮助人类。骆驼对沙漠气候的变化非常熟悉和敏感，当大风来袭时，便会跪下以提醒随行人员做好防风沙的准备。它们的嗅觉非常灵敏，鼻孔里布满嗅觉细胞，能通过气味找到水源。

骆驼真是帮助人类探索沙漠的好帮手啊！

035 迁徙距离最远的鸟是什么鸟？

候鸟，是随季节定时迁徙的鸟类。它们通常在一个地方产卵、育雏，到另一个地方越冬。候鸟迁徙是一种本能，这种本能与气候、食物等条件的变化有直接关系。从根本上来讲，候鸟迁徙是对外界环境长期适应的结果。候鸟迁徙的距离远近不一，近的只有几千米，或者只是从山的北坡飞到南坡；远的则可飞翔上万千米。有一种鸟每年都会往返于南、北极，是所有候鸟中迁徙距离最长的，它们每年享受着两个夏天，被誉为“永远生活在阳光中的鸟”，它们就是北极燕鸥。

北极燕鸥在北极圈附近度过北半球的夏季后，在北半球冬季来临之前，就会拖家带口飞往南极。在南半球冬季来临之前，它们又会往北极飞。北极燕鸥一年中大约有 5 个月的时间奔波在迁徙的路上，往返一趟的路程大约是 4 万千米，差不多就是绕地球赤道一周那么远。但由于北极燕鸥在漫长的迁徙途中并不是持续飞行，它们也要沿途寻找食物补给，以及根据天气变化调整飞行路线，因此它们的实际飞行距离比 4 万千米还要远得多。

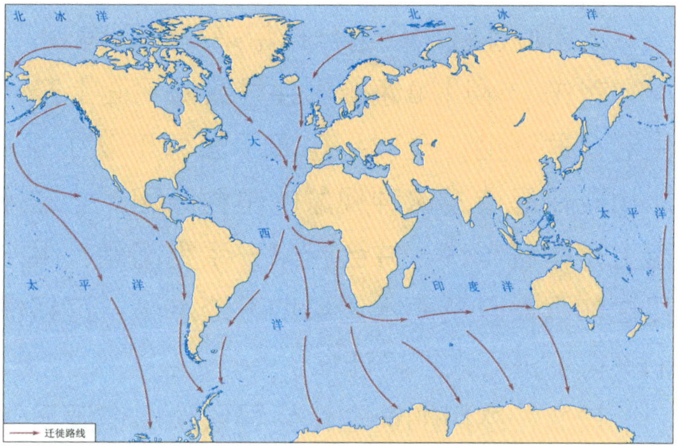

北极燕鸥的迁徙路线示意图

036 全球气候变暖，冰川加速融化，会造成什么后果？

站在浮冰上的北极熊

大量研究发现，随着全球气候变暖，全球绝大多数冰川都在加速融化，一些小冰川甚至已经彻底消失。有些国家还为消失的冰川举行“追悼会”，在原冰川所在地竖立纪念碑。

冰川加速融化会给全球带来严重影响。

首先，冰川加速融化会导致海平面上升，威胁沿海地区人们的生活。据观测，全球平均海平面每年以 1~2 毫米的速度缓慢上升，冰川融化是造成这种现象的主要原因。全球冰川融化得越快，海平面上升得就越快，并会带来一系列问题：洪水、海岸线后退、海岸侵蚀加强，以及海水污染地下淡水……这将使生活在沿海低地的人们不得不进行大规模迁移。

其次，冰川加速融化会导致淡水资源日益短缺。全球淡水资源大部分以冰川的形式存在。冰川以正常速度融化后，可以通过大气降水再凝结的形式给予补充，以保持动态平衡。但在全球气候变暖的大背景下，冰川加速融化，将会加剧全球水资源短缺危机。

再次，冰川加速融化严重影响农业生产。冰川加速融化会使以冰雪融水为灌溉水源的地区陷入前期应对可能发生的水患、后期面临干旱的境地。此外，全球气候变暖、冰川加速融化还会产生其他方面的影响，比如极端天气发生频率增加，生物多样性减少等。

第五章 地球居民

037 三大人种的显著差异有哪些?

人种，指的是起源相同并在体质形态上具有某些共同遗传特征的人群。关于产生人种差异的原因，至今还没有确定答案。但可以肯定的是，对自然环境的适应，偶然的基因变异、遗传和隔离的综合作用，是导致人种差异形成的主要原因。

人种差异主要表现为肤色、发型、体毛和胡须的多少，以及头型、鼻型、颌突度等的不同。据此可将世界人种划分为三大人种：白色人种、黄色人种和黑色人种。

白色人种也称高加索人种，主要分布在欧洲和北美洲，此外，中东、非洲北部、亚洲南部也有分布。白种人早期多分布在欧洲，伴随新航路的开辟，白种人来到了美洲、澳大利亚等地。欧洲白种人生活的地区纬度较高，气候寒冷，光照强度弱，因此其皮肤中的黑色素含量较低、肤色浅淡发白。他们的眼窝较深，虹膜的颜色以蓝绿色、褐色、红棕色为主；鼻梁高而狭长；头发柔软且呈波浪状，大体有黄、金、红、棕、黑 5 种色调；体毛和胡须都很发达。

黄色人种也称蒙古人种，主要分布在亚洲东部和东南部、北美洲北部（印第安人等），以及北极地区（因纽特人、雅库特人等）。黄种人生活的地区温度与光照强度适中，因此他们的皮肤一般呈浅黄或棕黄色，体毛适中，鼻梁高度适中，头发黑直，虹膜呈浅栗色，胡须较少，脸扁平宽大，颧骨较凸出。

黑色人种也称尼格鲁人种，主要分布在非洲撒哈拉沙漠以南的地区。由于纬度低，光照强，黑种人肤色深，呈黑色或深棕色。他们的头发呈波浪状或卷曲状，虹膜呈黑色或深黑色，鼻子宽扁，嘴唇较厚。

不同的人种是人类在一定地域内长期适应自然环境的结果。人种并不存在优劣之分，所有人种都是平等的。

038 你知道世界上最高和最矮的人都生活在非洲吗？

在非洲南苏丹境内生活着一支号称全球身材最高的部族——丁卡人。这个部族中，不论男女，平均身高都超过了一米八，两米以上的也不少见。由于身材高大，丁卡人充分利用自身优势，培养出了一批批优秀的体育运动员。

丁卡人十分喜欢牛，牧民必须不断迁徙，为牛群寻找牧地；年轻男子要学习各种作战技巧，以保护他们的牛群。部族内的平等关系让丁卡人的社会运行秩序良好，因而他们不需要威严的首领和惩罚措施。

丁卡人是世界上平均身高最高的部族，那世界上有没有平均身高最矮的部族呢？在非洲大陆的中非、几内亚、喀麦隆等国家和地区茂密的原始森林里，分布着被称作“袖珍民族”的俾格米人，他们的平均身高不足一米五，被公认为是世界上最矮小的人。

对于为什么俾格米人如此矮小这一问题，有很多不同的观点。如生活在热带雨林里，太阳光照不足，导致他们体内缺少维生素 D，不利于骨骼生长；长期适应森林生活的需要，身材矮小有利于在丛林中活动等。

俾格米人是世界上仍然还保留着狩猎采集生活方式的较大的部落群体，但他们几千年不受外界干扰的生活如今正受到严重的威胁，俾格米人也因此濒临灭绝。目前，非洲中部各国政府已相继采取措施，帮助俾格米人改变生活方式，走出森林，参与现代社会生活。

039 为什么英语是全球使用最广泛的语言？

英语作为当今世界上最主要的国际通用语言之一，也是世界上使用最广泛的语言。

除了母语是英语的国家，还有很多其他国家的民众在大力学习英语，或许是为了在未来的职场上获得更大的发展空间，为了能够了解、学习和传播更多前沿的科学技术，也或许是为了环游世界，开阔眼界，结交五湖四海的新朋友……

学习英语

那么，为什么英语能够成为世界上使用最广泛的语言呢？首先，英国曾经在世界范围内大力从事殖民扩张和国际贸易等活动，在亚洲、非洲、美洲、大洋洲等地占领了广大的殖民地，英语便由此在世界范围内广泛传播。虽然很多殖民地在后来重新获得了独立，但语言的传承已无法停止。其次，美国的崛起和迅速强大进一步将英语推向国际化。经历两次世界大战后，美国的国际地位迅速上升，成为世界强国，庞大的商业贸易往来使英语越发普及。

040 世界上最难学的语言是哪种？

学习中文

语言是人类交流的桥梁。全世界有数千种语言，其中，汉语、英语、法语、俄语、西班牙语和阿拉伯语是世界上的主要语言，也是联合国的工作语言。那你知道世界上最难学的语言是哪种吗？联合国教科文组织公布的世界十大难学语言中，汉语名列榜首。

汉语是中国人使用的主要语言，此外，东南亚部分国家也有人使用汉语，汉语是世界上使用人数最多的语言。并且，随着中国经济不断发展，国际地位不断提升，越来越多的国家将目光投向中国，越来越多的外国人正在或计划学习汉语。

然而，谜一样的方块字，让人迷惑的四声调、同音字、一字多音、一字多义……对大多数外国人来说，学习汉语确实不容易。此外，汉语中还有人们长期以来习用的、简洁精辟的定型词组或短句，如成语和谚语，人们必须在了解其来源或典故之后才能懂得其含义。这样看来，汉语绝对是世界上最难学的语言了。

041 三大宗教代表性建筑分别具有什么样的特点？

基督教、伊斯兰教和佛教是世界三大宗教，它们的代表性建筑分别是教堂、清真寺和佛寺。三大宗教的代表性建筑因发展历史、地域和教派的不同而不同，总体上具有各自典型的特征。

首先说教堂。教堂通常采用十字形的平面布局，有尖顶或尖塔。玫瑰花窗是教堂建筑中的常见元素，通常设计在教堂的正面，外部轮廓呈圆形，内部窗格呈花瓣状，镶嵌着彩色玻璃。许多古老的教堂由石制材料建造而成，坚固、耐酸碱。高大的内部空间使人感到庄严和圣洁。

清真寺注重建筑结构和装饰的简洁与和谐，通常建有高耸的穹顶和弧形拱门，这些弧形拱门一般等距离设置多个。建筑内部有一个中央大厅，装饰包括几何图案、花纹、阿拉伯文字等元素。这些装饰通常以瓷砖、石膏、木雕等材料制成，展示了伊斯兰文化的精髓。

佛寺受教派和不同地域文化的影响，建筑风格多样。以我国古代皇家修建的佛寺为例，多采取中轴线对称布局，主体部分由塔、殿和廊院组成；塔北建佛殿，四面环绕围墙和僧舍以形成院落。佛殿的屋顶多采用悬山顶、歇山顶等形式，殿顶上通常设有彩绘的琉璃神兽；墙柱构架多以木材为主要建筑材料。木构建筑具有灵活性和可塑性，同时也与佛教推崇的简朴和自然理念相符。佛寺建筑常常以浮雕和彩绘等艺术装饰为特色，这些浮雕和彩绘以描绘佛教故事和各种神话传说为主，展示了佛教文化的丰富内涵。

042 你知道世界贸易组织吗?

世界贸易组织于 1995 年 1 月 1 日开始运作，其前身是关税和贸易总协定。关税和贸易总协定共主持了 8 轮多边贸易谈判，最近、持续时间最长的一轮叫“乌拉圭回合”谈判，该谈判从 1986 年开始，前后长达 7 年半之久，其最重要的成果之一就是创立了世界贸易组织。

世界贸易组织与世界银行集团、国际货币基金组织并称为当今世界经济体制的“三大支柱”。世界贸易组织是基于多边贸易体制的国际组织，是众多贸易协定的管理者、各成员贸易立法的监督者、贸易问题谈判和争端解决的场所，被称为“经济联合国”。2001 年，中国正式加入世界贸易组织，标志着中国的对外开放进入了一个新阶段。

世界贸易组织遵循四大基本原则：非歧视性原则、透明度原则、自由贸易原则和公平竞争原则。其中，公平竞争原则要求各成员应避免采取扭曲市场竞争的措施，纠正不公平贸易行为，努力创造和维护公开、公平、公正的环境。

作为世界上最大的多边贸易组织，世界贸易组织在调解成员间争端方面具有权威性和有效性。

庞大而繁忙的港口见证着世界贸易的繁荣

043 你知道发达国家与发展中国家的划分依据吗？

从面积来看，国家有大有小；从人口来看，国家有人口大国和人口小国；从发展程度来看，国家有发达国家和发展中国家。

发达国家和发展中国家的概念其实并没有为社会普遍接受的定义，其划分主要是通过对发展程度的观察得来的，其中涉及收入水平、经济和社会发展水平，以及民生等诸多指标。到目前为止，发达国家和发展中国家的界定还没有公认的国际评判标准。但普遍认为，发达国家是相对发展中国家而言，经济发展水平较高、综合国力较强的国家。

与发展中国家相比，发达国家的人均收入，农业、工业生产水平，科技发展水平，教育、医疗水平都较高。发达国家的工业以先进制造业和高新技术产业为主，而发展中国家的工业以资源型和资源加工型产业为主；发达国家人居环境优美、配套设施完善，而发展中国家人居环境较差、配套设施不足。

准确认识发达国家与发展中国家的差距，才能朝着正确的方向为缩小差距而做出努力。

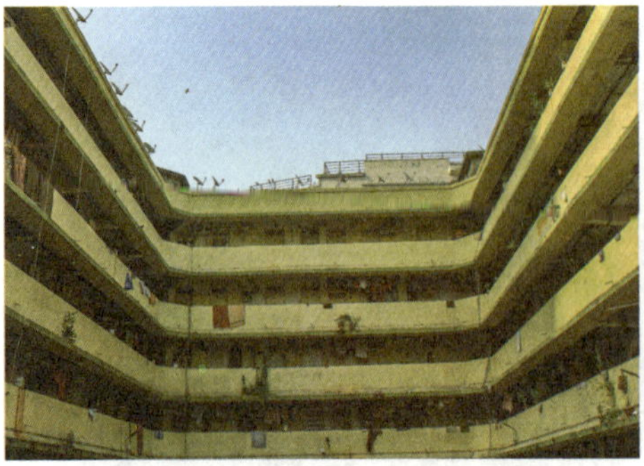

印度孟买的居民楼

英国的花园式住宅

第六章 亚洲

044 亚洲的范围有多大？为什么被称为世界第一大洲？

亚洲全称“亚细亚洲”。在古代，人们把亚洲看作东方日出之地，而“东方日出之地”用古代闪米特语来说，就是“亚细亚”。亚洲的陆地总面积为 4400 万平方千米，几乎占世界陆地总面积的 1/3，是当之无愧的世界第一大洲，它用庞大的身躯撑起了地球的东半球。

那么，4400 万平方千米的面积有多大呢？要想感受亚洲的广阔，可以举一个有趣的例子：假如你乘坐 C919 大飞机从亚洲的最东端飞到最西端，以 900 千米 / 时的速度飞行，需要飞行约 20 个小时；而从最北端飞到最南端，则需要飞行 10 多个小时。

亚洲共有 48 个国家，分为东亚、东南亚、南亚、中亚、西亚和北亚 6 个地区。这片广袤的土地上生活着约 45 亿多人口，数量超过了全球的一半。这里有着各种各样的文化、语言和习俗，形成了一个多姿多彩的大家庭。

亚洲不仅拥有广袤的陆地、多样的文化，还是人类文明的摇篮，如黄河文明、美索不达米亚文明，以及印度河流域文明都发源于此。从美索不达米亚平原的古巴比伦王国到古中国，从亚述浮雕到吴哥窟，亚洲灿烂的古代文明令人叹为观止。

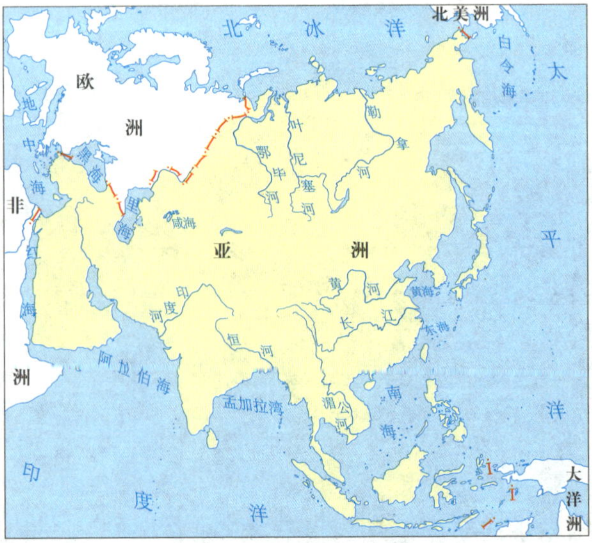

亚洲简图

045 你知道亚洲三大半岛在哪里吗？

半岛是指陆地伸入海洋的部分，通常三面被水包围。地球上半岛众多，其中面积排在前三位的分别是阿拉伯半岛、印度半岛和中南半岛。

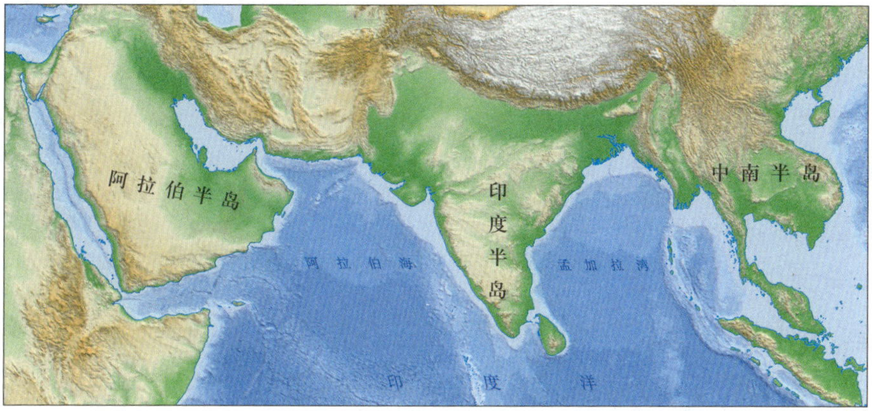

世界三大半岛

阿拉伯半岛，位于亚洲西南部，面积 320 多万平方千米，是世界上最大的半岛。这里常年受副热带高气压带及东北信风带控制，整个半岛几乎都属于热带沙漠气候，全年高温少雨。也是出于这个原因，这里河流稀少，水资源严重匮乏。

印度半岛位于亚洲南部，是喜马拉雅山脉以南的一大片似三角形的陆地，它的北面就是“世界屋脊”——青藏高原。夏季，受高大山脉的阻挡，来自印度洋的暖湿气流在恒河平原形成了强降雨带，导致印度半岛经常遭受洪涝灾害。不仅如此，高大的喜马拉雅山脉还在一定程度上阻碍了半岛上的国家与其北部其他国家的经济交往。

中南半岛，西临孟加拉湾、安达曼海，东临南中国海，大部分地区属于热带季风气候，终年高温，有旱雨两季，植被茂密。山河相间、纵列分布是中南半岛显著的地形特征。

046 为什么马六甲海峡如此重要？

马六甲海峡得名于马来西亚近代一个重要的国际贸易交通港埠——马六甲。该海峡呈西北—东南走向，其西北端连通安达曼海，东南端可达南中国海，是连接印度洋与太平洋的国际水道，也是欧洲、非洲与东南亚、东亚各港口之间最短航线的必经之地。每年约有 8 万艘船舶从马六甲海峡通过，马六甲海峡是世界上最繁忙的航道之一！

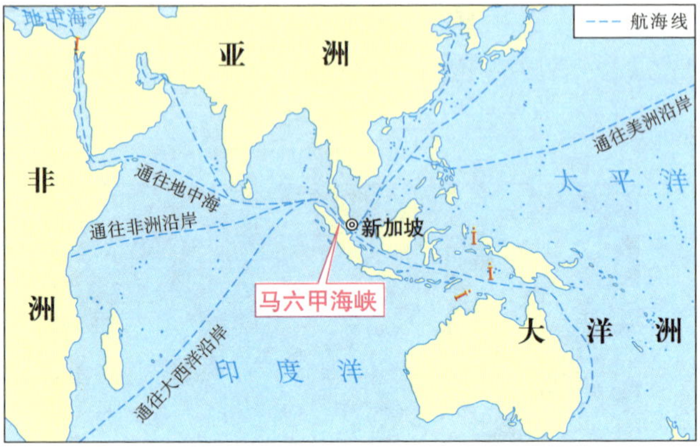

马六甲海峡

随着经济的发展，世界各国对能源的需求急剧增加，东亚三大经济体——中国、日本、韩国也不例外。中日韩三国都是能源进口大国，每年需要从中东地区进口大量的石油与天然气，而运输的最短路线便是经过马六甲海峡进入南中国海，之后再到达各国。所以，马六甲海峡对中日韩三国来说非常重要。

马六甲海峡沿岸的炼油厂

047 印度尼西亚的农民为何“喜欢”在火山周围居住？

火山脚下的农田

据统计，全球每年火山喷发多达50次。作为一种地质灾害，火山喷发会给其周边地区带来严重的环境影响，甚至造成巨大的经济损失。但是，在拥有400多座火山的印度尼西亚，那里的农民“喜欢生活在火山脚下”。到底是什么原因让印度尼西亚的农民“喜欢”居住在火山周围呢？

印度尼西亚的农民非常聪明，他们发现，火山喷发后留下的厚厚的火山灰是极好的天然肥料，其含有农作物生长所需的多种养分，如钙、磷、硫、钾等，可使土壤变得更加肥沃。并且，火山喷发地带的土壤温度较高，有利于促进有机物与无机物结合，为农作物生长提供有利条件。

印度尼西亚位于亚洲东南部，赤道横穿东西，属于热带雨林气候，全年高温多雨。优越的气候条件与土壤条件让居住在火山周围的印度尼西亚农民年年丰收。尽管有时火山喷发非常危险，但印度尼西亚农民对此表现得比较平静，或许他们已经习惯了火山活动的活跃。

048 你知道富士山在日本人心中的地位吗？

日本位于环太平洋火山、地震带上，境内火山众多。在众多火山中，有一座被日本人奉为“圣山”的火山，它就是日本第一高山——富士山。

富士山

富士山位于日本本州岛中南部，地处静冈县和山梨县的边缘，距日本首都东京约 80 千米，最高点剑峰的海拔为 3776 米。富士山山体呈圆锥形，山顶终年覆盖积雪，远远看去给人一种神圣、庄严之感，令人神往。富士山是一座活火山，山顶的火山口直径达 800 米，深约 200 米。自公元 781 年有文字记载以来，富士山共喷发 18 次，其间有 3 次大喷发。目前，富士山处于休眠状态。

就是这样一座集优美和危险于一身的山，成了世界知名的日本象征。千百年来，日本的文人雅士对富士山竞相讴歌，日本画坛甚至有“不会画富士就不是画家”的说法。在日本，向富士山祭拜已成为民间信仰的一部分。日本社会还营造了浓厚的“富士情结”，“富士”元素在日本随处可见，如富士相机、富士自行车等。

2013 年 6 月，富士山被列入《世界文化遗产名录》，这进一步奠定了其在日本人心中的地位。

049 你知道樱花的原产地在哪里吗？

樱花纯洁、高尚，被尊为日本国花。日本属于温带、亚热带季风气候，非常适宜种植樱花。每当严冬过后，樱花就给日本带来了春天的气息。日本政府把每年的 3 月 15 日至 4 月 15 日定为“樱花节”。

樱花路

日本是一个由东北向西南延伸的弧形岛国，南北温差较大。每年，南端的冲绳县总是最先迎来樱花开放。每到赏樱季节，日本各地都沉浸在一片花的海洋之中。人们带上亲属，邀上友人，携美酒佳肴，在樱花树下席地而坐，边赏樱，边畅饮。樱花与日本人民的生产、生活紧密融合，已深深扎根在民族文化的深处。

樱花的起源现在在科学上基本是件很清晰的事情，并没有这么多纷争——野生樱在数百万年前诞生于喜马拉雅山脉地区，而现代栽培的观赏樱则是日本人多年前在日本选育出来的。

050 为什么印度人时常生活在“水深火热”之中？

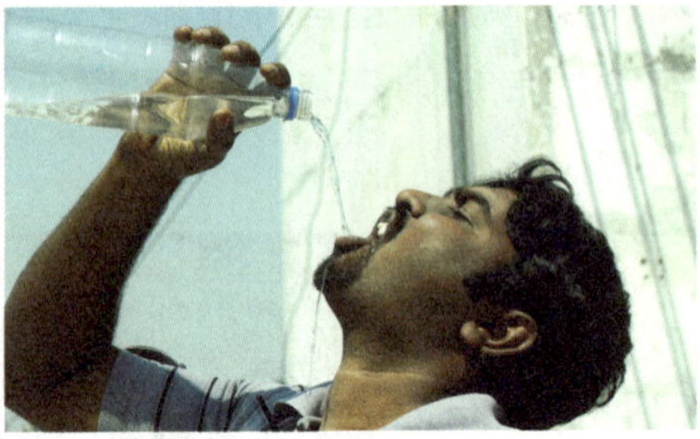
烈日下喝水的印度男子

观看印度的影视剧或新闻时，总觉得印度十分炎热，因为视频中的大部分民众皮肤黝黑。事实上，印度确实很热，即使雨季来临，那里的天气也比较炎热。

印度大部分领土位于10° N ~ 30° N，距离赤道比较近，一年中光照都强。受纬度位置和海陆位置的影响，印度形成了热带季风气候。即便到了冬季，高大的喜马拉雅山脉和青藏高原阻挡了来自北方的冷空气，印度的气温依然较高。正是这种地理位置和气候经常让印度民众生活在“水深火热”之中。

洪水泛滥的印度村庄

热带季风气候的特征是终年高温，分旱雨两季。在正常年份，5月中旬至9月，来自印度洋的西南季风为印度半岛带来丰沛的降水，既解决了旱情，也适当降低了气温。但西南季风总是不稳定，如果姗姗来迟，势力较弱，会导致印度出现高温天气，并带来严重的生活、生产缺水问题。反之，西南季风早早到来，势力强劲，就会导致印度持续性降雨，进而引发洪涝。此外，印度人口众多，经济较落后，政府应对旱涝灾害的能力有限，也是导致民众经常生活在“水深火热”之中的原因。

051 恒河在印度人的心中为何有这么高的地位？

在恒河中沐浴的人们

恒河边上的露天火葬场

恒河，作为印度人民心中的“圣河”，它的贡献不容置疑。千百年来，它浇灌着两岸的土地，给沿岸民众带去舟楫之便和灌溉之利；庞大的输沙量塑造了肥沃辽阔的恒河平原和恒河三角洲，养育了无数印度儿女，也孕育了灿烂的印度文明。至今，恒河流域仍是印度经济最发达、人口最稠密的地区。

印度人民赋予恒河太多的情感。在印度古代神话中，恒河原是一位女神，是雪王之女，为滋润大地、解救民众而下凡，她的家乡就在云山缥缈的冰雪王国。这里的冰雪王国很可能指的就是恒河的发源地——喜马拉雅山脉南坡加姆尔的一处冰川。“加姆尔”在印度语中是“牛嘴”之意，而牛在印度是被视为神灵的，恒河水是从神灵——牛的嘴里吐出来的清泉，于是显得更加圣洁无比。

不论是从恒河在现实中发挥的作用来讲，还是从神话传说的角度来讲，恒河都称得上是印度的“母亲河”。

052 印度人用哪只手吃饭？

欧美人吃饭用刀叉，中国人吃饭用筷子，印度人吃饭则直接用手。那是不是用餐时，两只手都可以使用呢？当然不行，如果用错了手，身旁责备、愤怒的眼光马上向你投来。

印度人就餐

印度人认为，所有的食物都是神赐予的，还认为“右”代表正面，代表佛的方向，“左”代表否定，代表魔的方向。因此，他们认为左手是不洁的，不能抓取食物，神赐予的食物应该用代表纯洁、神圣的右手来取食。生活中，印度人如厕后一般不使用厕纸，而是用水冲洗，冲洗时使用左手，而不用右手；给别人递食物、餐具等时，会用右手；打招呼、握手时也都用右手，用左手会被视为不礼貌，甚至引发冲突。

印度人吃饭用手抓的习惯还与当地的气候有一定的关系。印度年平均气温超过 20℃，即便是冬天也不太冷。所以，印度人喜欢吃凉的食物。用手抓取食物，不仅可以直接感受食物的温度，还可在抓取的过程中为食物降温。在印度，用右手抓取饭菜时不能五指乱抓，一般用 3 根手指（拇指、食指和中指）将饭菜搅拌均匀，然后抓起一小撮慢慢送入口中。

053 泰姬陵属于什么宗教的建筑？

泰姬陵

“你容许你君主的权力化为乌有，沙贾汗啊，可你的愿望本是要使一滴爱情的泪珠不灭不朽。”这是印度著名作家、诗人泰戈尔写下的关于泰姬陵的诗句。

泰姬陵，全称“泰吉·玛哈尔陵”，是1632年至1654年莫卧儿帝国皇帝沙贾汗为其妃蒙泰姬建造的陵墓，被誉为“印度明珠”，是印度伊斯兰建筑的主要代表。许多人因为泰姬陵而知道印度，可以说，泰姬陵是印度的代名词。那泰姬陵建造的背后有什么故事呢？

据传，蒙泰姬不仅容貌出众、性情温柔，还聪明能干，曾协助沙贾汗料理朝务，因而备受宠爱。蒙泰姬一生为沙贾汗生了14个孩子，但在生下第14个孩子时，因感染不治身亡。在蒙泰姬弥留之际，沙贾汗问她有何希望与要求，蒙泰姬请求说：“请陛下为我造一座世界上最美丽的陵墓，以纪念我们的爱情。”痛哭流涕的沙贾汗当场答应了蒙泰姬的请求。

为实现蒙泰姬的遗愿，沙贾汗雇用各类工匠共计两万多人，花了整整22年的时间，终于在1654年建成了这座纯白大理石镶嵌水晶、翡翠、孔雀石等宝石的八角形伟大建筑。任凭烈日炙烤，风雨侵蚀，如今的泰姬陵看起来仍和360多年前一样美丽。

054 卡塔尔为什么这么富裕?

阿拉伯半岛的东北岸有一个三面临海的国家，那里气候干热，年降水量仅 120 毫米左右，面积比北京还小，但就是这样一个小国干出了一件震惊世界的事儿——豪掷超 2200 亿美元为足球世界杯建了一座新城！如此之豪气着实令人惊叹，那这个国家的名字叫什么呢？它就是被誉为“海湾明珠”的卡塔尔。

卡塔尔到底多有钱？据有关数据统计，卡塔尔 2022 年人均 GDP（国内生产总值）超 8 万美元。那么，卡塔尔为什么这么有钱呢？在一般人的普遍印象中，卡塔尔和沙特阿拉伯、伊拉克、伊朗等国一样，是躺在石油资源上富起来的。可事实并非完全如此。世界第一大石油储备国是委内瑞拉，但委内瑞拉并没有富起来。卡塔尔的石油储量约 25 亿吨，仅排全球第 14 名，远远低于沙特阿拉伯、伊拉克及伊朗等国。那让卡塔尔富起来的原因还有什么呢？答案就是天然气。卡塔尔是全球第三大天然气储备国，也是中国第三大天然气进口国。

凭借丰富的油气资源，卡塔尔完成了资本的原始积累，积累了巨额的财富。不过问题来了，一个国家总是依赖资源出口是无法长久发展下去的。为谋长久发展之路，卡塔尔国王积极发展工业、旅游业和金融业，将更多的财富分配给平民，这使得卡塔尔迅速走向了共同富裕。此外，他还带领王室在全世界投资、并购奢侈品牌，成为很多跨国银行、企业第一大股东，使卡塔尔的“生财之道”更加广阔。

055 西亚就是中东吗？

说到西亚，一般人想到的就是亚洲西部；而提起中东，人们脑海中浮现的要么是战乱，要么是富有。西亚和中东有什么区别呢？

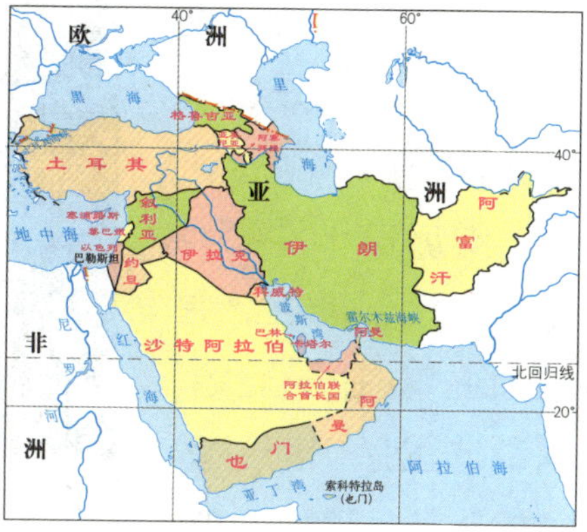

西亚简图

西亚是指亚洲西南部地区，包括阿富汗、伊朗、土耳其、伊拉克、沙特阿拉伯等国家和地区。“西亚”一词属于地理概念，有明确的范围和界线。中东泛指连接西亚、北非及欧洲，从地中海到波斯湾的大片地区，包括埃及、巴勒斯坦、以色列、土耳其、叙利亚、伊拉克、沙特阿拉伯、也门、阿曼、伊朗等国家和地区。中东地区大多数居民是阿拉伯人，主要信仰伊斯兰教。

对比两幅地图会发现，西亚包括阿富汗，不包括埃及；而中东包括埃及，不包括阿富汗。这片区域位于亚、欧、非三大洲之间，濒临阿拉伯海、里海、黑海、地中海和红海，因此被称为“三洲五海之地”。这里是亚、欧、非三大洲的交通枢纽，石油资源十分丰富，因此地理位置极为重要。也正是出于这个原因，加上对水资源的争夺、不同种族之间宗教信仰不同等现实问题，这里的地区冲突不断。

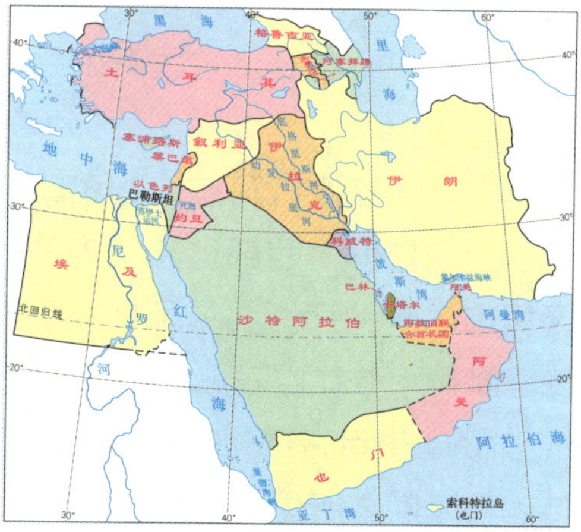

中东简图

056 沙特阿拉伯拥有哪两座圣城？

麦加大清真寺

沙特阿拉伯有两座圣城，分别是麦加和麦地那。

麦加位于沙特阿拉伯中西部地区，是伊斯兰教主要圣地。据说这里是伊斯兰教创始人穆罕默德的诞生地，因此成为全世界穆斯林最想去的地方。麦加拥有世界上最大的清真寺——禁寺，占地面积达 20 万平方米，可容纳近百万人同时礼拜。禁寺内中心偏南的位置有圣殿——克尔白，它是一座方形建筑物，是世界穆斯林礼拜的朝向和朝觐中心。

麦加商业发达，古老建筑和现代化建筑林立，为沙特阿拉伯贸易和政治中心之一。这里有公路通往利雅得、麦地那和红海沿岸的吉达港等。

麦地那是沙特阿拉伯的第二座圣城，伊斯兰教圣地之一。它位于沙特阿拉伯中西部汉志境内的一处开阔平地上，四面环山，属山区城市。麦地那原名“耶斯里卜”，公元 622 年，伊斯兰教创始人穆罕默德率教徒自麦加迁到这里，遂改称“麦地那·乃比”，简称“麦地那”。麦地那被穆斯林称为“先知之城”，城内有先知清真寺，相传为穆罕默德所建，穆罕默德逝世后就葬在这里。

麦地那市区非常干净整洁，古迹众多。郊区出产小麦、椰枣等，有椰枣加工、印刷、制砖和地毯纺织等工业。麦地那有公路和航空路线通往麦加、利雅得和红海沿岸的吉达港等。

第七章 欧洲

057 哪条山脉被称为“欧洲的脊梁”？

阿尔卑斯山脉，欧洲最高大的山脉，被称为“欧洲的脊梁”。它西起法国东南部地中海沿岸，经意大利北部、瑞士和德国南部，东至奥地利维也纳盆地，呈弧形东西延伸，长约 1200 千米，宽 130 ~ 260 千米，山势雄伟，平均海拔为 3000 米左右，最高峰勃朗峰海拔 4808.73 米，为欧洲西部第一高峰。

阿尔卑斯山脉是欧洲许多河流（如多瑙河、莱茵河、波河等）的发源地，水力资源十分丰富。山间水流湍急的瀑布，林间独特的动植物，岩洞中神奇的石钟乳……为阿尔卑斯山脉披上奇妙幻丽的面纱。冬日的阿尔卑斯山脉白雪皑皑、冰川连绵，山区中布满了深邃的冰川槽谷和冰碛湖。夏日里，阿尔卑斯山脉气候凉爽，繁花盛开，绿草如茵，成为欧洲极佳的避暑胜地。

位于阿尔卑斯山脉脚下的小镇

夏季阿尔卑斯山脉的美丽风光

阿尔卑斯山脉的美令人心醉，无论是登山、徒步旅行、滑雪还是欣赏美景，它都是你去欧洲不可错过的旅游胜地。

058 法棍为什么这么硬?

只要提到法国的面包，大多数人第一个想到的便是法棍。法棍相比于其他种类的面包简直是“怪”到了极点：其他面包多松软可口，而法棍却是出奇的硬，因此给很多消费者留下了深刻的印象。

摆放在面包架上新鲜出炉的法棍

作为一种闻名世界的面包，法棍为什么会如此硬呢？制作法棍所需的原材料仅有 4 种：面粉、盐、酵母和水，不用添加糖和其他任何食品添加剂。没有其他添加剂的加持，法棍自然就呈现硬的口感。

法国人把面包加工成硬邦邦的是有原因的。法国位于欧洲西部，平原面积广阔，地势东南高、西北低。这样的地势可使大西洋暖湿气流轻松地进入法国境内，进而带来丰沛的降水。因此，法国一年四季大部分时间气候湿润、空气潮湿。如果将面包做成松软的，那它很快就会发霉变质，无法食用。而硬邦邦的法棍能在这种环境中得以长久保存。

那么法棍到底有多硬呢？从雨果的《悲惨世界》里描写的法国农民吃面包的场景可以想象法棍的硬度：“他们做一次面包要吃 6 个月，面包是用干牛粪烘出来的。冬天，他们用斧头砍开面包，将其放在水里浸 24 小时才能吃。”

表面上，法棍只是一种硬得出奇的面包，但它背后体现的是法国人民对环境的适应，是法国人民智慧的结晶。

059 到欧洲旅游，你想怎么玩儿？

随着经济全球化的深入发展和人们的收入水平不断提高，越来越多的人走出国门，去往其他国家，或学习新知，开阔自己的视野；或领略不曾见过的自然、人文景观。

欧洲自然环境优美，文化底蕴深厚，旅游业十分发达，每年都会吸引成千上万的游客前去观光。如果你去欧洲游玩，你想怎么玩儿呢？你知道自己之前听过的欧洲自然、人文景观都在哪些国家吗？

挪威峡湾风光

如果想看绚丽多彩的极光，可以到北欧的挪威、瑞典和芬兰，这 3 个国家都有部分领土位于北极圈以内，也开发了许多极光观测点。在挪威不仅可以看到瑰丽的彩色极光，还可以看到美丽的峡湾风光，那是巍峨的群山和浩瀚的海洋之间“无休止斗争”的结果。

如果想看山地风光，可攀登阿尔卑斯山，它被世人称为“大自然的宫殿”和“真正的地貌陈列馆”；如果想感受浪漫的欧式风情，可以坐着游轮在莱茵河或多瑙河漫游；如果想享受明媚的沙滩阳光，就去地中海沿岸地区，那里不仅有令人心旷神怡的阳光、海风和沙滩，还有著名的活火山——维苏威火山。

欧洲经济发达，文化多姿多彩，一些独特的人文景观也一定能吸引你。法国的凯旋门、埃菲尔铁塔、卢浮宫、凡尔赛宫，英国的

罗马大角斗场

白金汉宫、不列颠博物馆、伦敦塔桥、威斯敏斯特教堂、温莎城堡，意大利的罗马大角斗场、潘提翁神庙、比萨斜塔，德国的科隆大教堂、奥古斯塔斯堡，希腊的帕提侬神庙，瑞士的奇隆古堡……徜徉在欧洲的现代文化与古代文明中，相信你会被其独特的艺术格调与氛围所深深感染。

当然，欧洲的传统节日、美食和赛事等都可能成为吸引你驻足的元素。在欧洲，圣诞节是一年中最受欢迎的节日之一。在这个欢乐的日子里，街道上张灯结彩，商店橱窗装饰精美。在家里摆圣诞树、向亲友报佳音、唱圣诞歌、化装成圣诞老人向儿童赠送礼物等是欧洲家庭庆祝圣诞节的重要习俗。此外，欧洲各地还有各种独特的圣诞市集，这些市集是游客们品味欧洲圣诞文化的绝佳场所。

德国法兰克福圣诞市集

德国慕尼黑啤酒节

060 欧洲哪个国家被称为“钟表王国”？

欧洲有些国家产业特色明显，有“钟表王国”之称的瑞士就是其中之一。

瑞士钟表匠

瑞士，全称“瑞士联邦”，位于欧洲中部，是一个传统的欧洲国家，首都伯尔尼。瑞士为何被称为“钟表王国”呢？提起手工钟表、世界名表，绝大部分人联想到的国家就是瑞士。的确，许多世界名牌钟表来自瑞士，可以说，它们已经成为瑞士的代名词之一。那为什么瑞士的手工钟表能享誉世界呢？其中很重要的原因便是瑞士的手工钟表业发达，所生产的钟表及精密仪器质量上乘。手工钟表业属于劳动密集型产业，但是，瑞士的人工成本非常高，那为什么劳动密集型的手工钟表业依然如此发达呢？

首先，瑞士是一个多山的国家，矿产资源缺乏。因此，其所发展的工业必须趋向于占地少、耗费原料和燃料少，同时又能吸纳大量劳动力的精密制造业。

其次，瑞士的手工钟表业已有几百年的发展历史，其间，对科研、设计、技能培训和售后服务的巨额资金投入，以及技术上的不断创新和产品的不断迭代，令这个行业保持着相应的产业优势。

此外，瑞士人执着的工匠精神使他们虽身处国际分工的浪潮之下但不受其影响，始终专注于手工钟表的设计与生产，精益求精，产品质量和功能越来越好。

不过，随着科技的发展，电子手表、智能手表兴起，瑞士手工钟表能否继续延续它的辉煌？这也是一个值得思考的问题。

061 摩纳哥为什么这么富有？

华灯初上的摩纳哥

在地中海沿岸，有一个坐落在法国南部的袖珍国，它的面积与中国的鼓浪屿相差无几，但人均 GDP（国内生产总值）一度处于全球第一的位置，这个国家便是摩纳哥。摩纳哥如此富裕的秘密是什么呢？

发达的博彩业。在电影《007》中，蒙特卡洛大赌场作为取景地出现令观众印象深刻。摩纳哥的蒙特卡洛有“世界赌城”的称号，每年会吸引几十万来自世界各地的游客到此，这也映射出摩纳哥博彩业发达。值得一提的是，摩纳哥在法律上禁止本国人赌博。因此，这里的赌场只对外来游客开放。

繁荣的旅游业。摩纳哥背山面海，气候宜人，风景优美，是极佳的旅游度假胜地，加上其独特的文化风情，每年吸引众多游客慕名而来。摩纳哥王宫里金碧辉煌的欧式宫殿彰显着摩纳哥的传奇与历史文化。站在通往王宫的大斜坡俯瞰海港，蜿蜒的海岸，白色的沙滩，宝蓝色的海面，无不传递着地中海独有的迷人气息。摩纳哥的名胜古迹不胜枚举，旅游业是其重要经济支柱。

优惠的税收政策。为促进经济发展，摩纳哥政府决定从 1988 年起不再征收个人所得税。这项举措一方面吸引了国外各大银行在此设立分行，促进了摩纳哥银行业的发展；另一方面使摩纳哥成了世界“避税天堂”，许多富翁为此移民至此，为摩纳哥带来了财富。

062 北极圈以北的摩尔曼斯克港为何终年不冻？

摩尔曼斯克港是俄罗斯北冰洋沿岸的一个重要港口，临近巴伦支海，经纬度位置大致是（69° N，33° E）。

摩尔曼斯克地理位置示意图

冬季，北极大部分地区的最低温可达 -50℃，而位于北极圈以北的摩尔曼斯克港却终年不冻，这是为什么呢？

原来，一股来自北大西洋的暖流一年四季都在给摩尔曼斯克港加热，冬季尤为明显。受暖流影响，即使寒潮来袭，摩尔曼斯克港依然不冻。

另外，摩尔曼斯克港终年不冻还跟它周边的环境有关。具体来说，就是巴伦支海北侧受到斯瓦尔巴群岛和法兰士约瑟夫地群岛的“护卫”，二者有效地阻挡了北冰洋浮冰群向南侵袭；巴伦支海东侧的新地岛使喀拉海终年不化的海冰无法“破门而入”；巴伦支海只有西南侧留有大的开口，这个开口就像是为世界上最强劲的暖流——北大西洋暖流而设立的，使温暖的海水源源不断地流入，进而造就了北极地区唯一的不冻良港。

黄昏时分的摩尔曼斯克港

凭借得天独厚的条件，摩尔曼斯克港成为俄罗斯的一个重要军事港口，同时也是俄罗斯的重要商港、北方海洋渔业基地。随着北极地区石油、天然气、煤、铁等矿产资源的发现，以及北极航道的开通，摩尔曼斯克港在区域发展中扮演着越来越重要的角色。

063 莫斯科红场的名字是怎么来的呢？

位于红场的莫斯科国家历史博物馆

俄罗斯首都莫斯科有一个著名的景点——红场。听了名字，搜了图片，你是不是觉得这个广场的名字真是名副其实呢？那红场是因为它的颜色而得名的吗？

红场，是莫斯科最古老的广场，位于莫斯科市中心，临莫斯科河。它是重大历史事件的见证场所，也是俄罗斯庆祝重要节日、举行大型庆典和阅兵式的地方。作家陈运和在他所作的《莫斯科红场》中写道："十月革命的血，流淌过这儿条石铺筑的史页。"

那么，"红场"这个名字是怎么来的呢？红场原本是由伊凡三世在 15 世纪末修建的一处集市，后因火灾被烧毁，重建后一度被称为"火灾广场"。1662 年更名为"红场"。在俄语中，"红色"含有"美丽"之意，所以"红场"的意思就是"美丽的广场"。

红场的东面是莫斯科国立百货商场，南面为圣瓦西里教堂，西侧是克里姆林宫和列宁墓，北面为莫斯科国家历史博物馆。

红场确实不负盛名，凡是到过红场的人都会说："好美的广场！"它的美，不仅包括那格外引人注目的外在美，还包括一个伟大民族历经苦难而百折不挠的内在美。1990 年，红场被联合国教科文组织列入《世界遗产名录》。

漫步在红场，你不仅能欣赏它独特的美，还能结合历史，回顾那一个个经典的历史瞬间，感受其厚重的文化底蕴。

第八章 非洲

064 曾经的撒哈拉沙漠水草丰茂，你相信吗？

撒哈拉沙漠是世界上最大的沙漠，面积约 966 万平方千米，几乎占满了非洲北部。它广阔无垠，人们一说起它便联想到干旱、饥渴和死亡。“撒哈拉”一词在阿拉伯语中的意思就是“大荒漠”。

但你知道吗，撒哈拉沙漠在远古时期也曾有过气候湿润、水草丰茂、野兽成群的阶段。

撒哈拉沙漠中发现的岩画

1850 年，德国探险家巴尔斯来到撒哈拉沙漠进行考察，无意中发现岩壁上刻有鸵鸟、水牛及各式各样的人物像，这在当时引起了极大的轰动。一些壁画上画着人划着独木舟捕猎河马的场面，这说明撒哈拉曾存在过水流不绝的江河。

根据相关研究成果，撒哈拉北部古新统至始新统海相地层中富含有孔虫；埃及北部始新统时期沉积的地层上遍布渐新统河流沉积的粗砂和砾石；埃及和苏丹等地发现棕榈化石；埃及和苏丹晚始新统沉积物中发现以多汁的嫩叶和根为食、过着水陆两栖生活的长鼻类始祖象……这些事实都表明撒哈拉及其附近地区在古近纪期间炎热而又湿润。在此湿热气候条件下，那里曾发育了横贯非洲北部的庞大水系，并且植物繁茂，动物种类丰富，呈现一派生机勃勃的景象。

此后，撒哈拉地区的环境趋向恶化，以致沙漠形成和扩大。但是期间也曾多次恢复良好的自然环境，并成为人类的摇篮之一。

065 非洲大草原上的动物为什么要迁徙?

非洲是野生动物的天堂，那里生活着数不尽的野生动物。数百万只动物生活在非洲大草原，获取食物便成了一个大问题。它们生活的地方是热带草原气候区，这里全年高温,分旱雨两季。旱季时降水稀少，草木枯黄；雨季时大雨倾盆，百草丰茂。每当旱季来临，数百万只动物发愁了：到哪里找吃的？幸好祖先的基因告诉它们：转身奔跑吧，食物在前方！

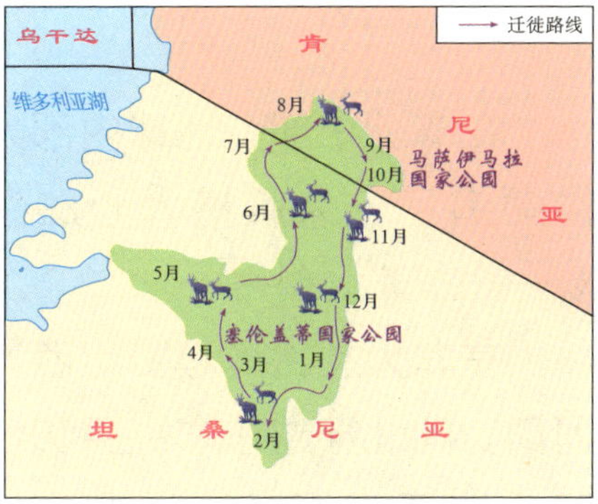

动物大迁徙路线与时间示意

赤道穿过非洲大陆中部，受赤道低气压带和信风的影响，非洲大陆南北热带草原的干、湿季节正好相反。赤道低气压带就像一个巨大的“洒水壶”，它移到哪里，哪里就有降水。动物们为了获得足够的食物，就只能来回迁徙。当然，也有少数动物通过休眠的方式来度过漫长的旱季，等待下一个雨季的到来。

为了吃到鲜嫩的水草，数百万只食草动物会长途跋涉数千米。一路上，等待它们的不仅仅有鲜嫩的水草，还有鳄鱼、狮子、鬣狗……在大迁徙期间，围追堵截、杀戮和突围的场景时刻在非洲大草原上演。

动物大迁徙

066 东非大裂谷为何被称作“地球的伤疤”？

在非洲东部，地球内部力量塑造了一大震撼人心的景观——东非大裂谷。

东非大裂谷南起赞比西河河口，向北穿越东非高原和埃塞俄比亚高原，然后沿着红海两岸直抵红海北端，全长约 6500 千米。从高空俯瞰，它犹如地球表面一条硕大的“伤疤”。

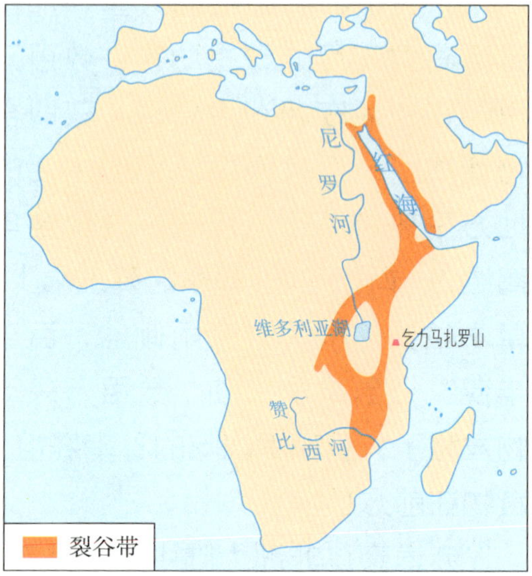

东非大裂谷范围示意图

东非大裂谷

东非大裂谷是如何形成的呢?

东非大裂谷是一个年轻的裂谷系统。研究表明，大裂谷的形成主要是古近纪构造活动的结果，形成大裂谷的构造活动包括板块的水平扩张和垂直隆升两种形式，并伴随着广泛的岩浆活动和火山喷发。

根据板块构造理论推断，裂谷带由同阿拉伯古陆块相分离的大陆漂移运动形成，该地壳运动使非洲板块被拉伸和减薄，局部地区地层出现张裂和断陷，并贯通形成整个大陆规模的巨大裂谷系统。直到现在，东非大裂谷仍在扩张，仍然有大量的火山活动。如果就此不停地发展下去，未来某一天，非洲大陆将分裂成两块大陆。

也许你会认为，东非大裂谷是一条狭长、阴森、恐怖的深谷，其间怪石嶙峋，荒无人烟，鸟兽绝迹。其实，东非大裂谷有连绵的群山、茂密的原始森林、广袤的草原、波光粼粼的湖泊、五颜六色的花草……这里是植物的乐园，动物的天堂，也是人类的家园。

壮美的东非大裂谷每年吸引大量的探险者、研究人员和游客前往，他们的到来为人们揭开了大裂谷美丽而神秘的面纱。

067 为何说埃及是“尼罗河的赠礼”？

大自然在非洲东北部的荒凉大漠中由南至北画了一条绿色长廊，这便是尼罗河。

尼罗河，世界第一长河，发源于东非高原，纵贯非洲大陆东北部，流经卢旺达、布隆迪、坦桑尼亚、南苏丹、苏丹、埃及等国，最终注入地中海。尼罗河主要有青尼罗河、白尼罗河、阿特巴拉河等支流，其中青尼罗河是其最大支流，它与白尼罗河汇合之后的河段称尼罗河。

蜿蜒的尼罗河

尼罗河流经热带雨林气候区、热带草原气候区和热带沙漠气候区，一直就有丰水期和枯水期。每年，尼罗河水泛滥，给河流沿岸地区带来一层厚厚的淤泥，使河谷平原和河口三角洲的土地变得极其肥沃。位于尼罗河下游的埃及人充分利用尼罗河定期泛滥的规律，引水灌溉，在肥沃的土地上种植小麦、玉米、棉花等农作物。尼罗河下游地区之所以成为古代著名的粮仓，埃及之所以成为四大文明古国之一，与尼罗河密切相关。可以说，尼罗河孕育了古埃及文明，埃及是“尼罗河的赠礼”。埃及人也亲切地称尼罗河为“生命之母”。

尼罗河是沿岸各国人民生产和生活的宝贵水源。随着尼罗河流域国家的人口增长和工农业发展，各国对水的需求与日俱增。这常常使埃及为“母亲河”水量的减少而感到担忧。

第九章 大洋洲

068 澳大利亚的国徽上有哪两种动物？

小朋友，你留意过澳大利亚国徽的图案吗？澳大利亚国徽的图案中有两种十分引人注目的动物。这两种动物能够被设计到国徽中，肯定不一般。它们就是被称作“澳大利亚国宝”的袋鼠和鸸鹋。

袋鼠

鸸鹋

澳大利亚位于大洋洲，四面环海，独占一块大陆。由于长期孤存于南半球的海洋之中，澳大利亚大陆上的动物演化十分缓慢，至今还保存着世界上十分古老的物种，如考拉、鸭嘴兽、鸸鹋、袋鼠……这些动物都是其他大陆所没有的。而作为澳大利亚国宝的袋鼠和鸸鹋，它们虽然身披国宝的“外套”，却享受着与身份“不符”的待遇。

由于缺少天敌，野生袋鼠疯狂繁殖，其数量一度达到澳大利亚人口数量的两倍。为不影响可持续发展，澳大利亚一些土地持有人及生态学家呼吁：捕杀并食用袋鼠。

在西澳大利亚州，鸸鹋入侵人类居住地不是新鲜事。1932 年，为驱赶几百只大肆破坏庄稼的鸸鹋，澳大利亚士兵带着两挺机枪和一万发弹药“围剿”鸸鹋。有趣的是，这场“人鸟大战”最终以鸸鹋获得胜利而结束。

在维护生态系统平衡的过程中，任何一种动物都是不可缺少的。我们要保护好世界上的濒危物种，不要让“活化石”变为真化石！

069 大堡礁有什么独特之处？

如果要去澳大利亚旅游，那大堡礁一定是必去之地。它是世界上最大的珊瑚礁群，于1981年被列入《世界遗产名录》。

澳大利亚地形图

大堡礁位于澳大利亚东北部沿海，绵延伸展达2000千米，包括近千个岛礁和浅滩，它美得就像一串闪着天蓝、靛蓝、蔚蓝和纯白色光芒的明珠。

鸟瞰大堡礁

大堡礁的独特之处在于它那迷人的风光和令人称奇的生命王国。大堡礁的生物种类极其丰富。科学研究表明，大堡礁距今已有2000多万年的历史，是一个极其古老、庞大的生命聚居体。难以计数的珊瑚早已筑起了一面无与伦比的巨大“石墙”。在这面墙上，生活着各式各样的生命体，有珊瑚、藻类、海葵、海绵、鱼类、蠕虫类、海星、海龟、海蛇和其他数千种植物和动物。

落潮时，珊瑚礁露出水面形成珊瑚岛，游客可以乘船在珊瑚岛之间穿梭，观看色彩丰富、姿态万千的珊瑚景观，也可以潜入海中观赏海底奇观。

070 新西兰为什么被称为"绿色王国"？

新西兰草场风光

新西兰地处南温带，终年受温暖湿润的西风带控制，加上四周环海，形成典型的温带海洋性气候，终年温和湿润，气候十分宜人。新西兰森林覆盖率高达30%，国土的一半被天然牧场或农场所占据。广袤的森林和牧场使新西兰成为名副其实的"绿色王国"。

新西兰的植被以针叶林和阔叶林为主，林中有巨大的蕨类、藤类等树木附生植物。为了保护森林，新西兰建立了很多国家公园，禁止森林采伐与旅游开发。据统计，新西兰共建立了14座国家公园、数百个自然保护区和生态区。

新西兰的巨型贝壳杉

如果你想要饱览新西兰的自然景观，没有比前往国家公园更好的方式了。新西兰的国家公园面积超过3万平方千米，遍布南北两岛的国家公园是新西兰当之无愧的瑰宝，那里的野生动物和茂密森林绝对令你难忘。

071 新西兰奇异鸟有多奇异?

奇异鸟

奇异鸟又称几维鸟、鹬鸵，是新西兰的国鸟。你也许会好奇：不就是一只鸟吗？会有多奇异呢？相信你对它了解之后就不会这样认为了。

外形奇异。奇异鸟是世界上唯一一种鼻孔长在喙尖端的鸟，也是世界上唯一一种没有翅膀的鸟。奇异鸟的体形大小与大公鸡相近，由于翅膀和尾巴都退化了，它们无法飞行，只能靠双腿奔跑。

习性奇异。奇异鸟一天的睡眠时间很长，主要在夜间活动。它们的嗅觉非常灵敏，即便是躲藏在地下 10 厘米深处的虫儿，也能被它们嗅到并抓来吃了。奇异鸟不在树上筑巢，而是在树根处挖洞并组建家庭。它们和信天翁、海鸥一样，实行“一夫一妻制”。雄性奇异鸟吸引伴侣不会选择在晴朗的白天，而是在夜间召唤配偶。雌性奇异鸟产的蛋较大，重量相当于自己体重的 1/3 ~ 1/4。雌性奇异鸟产蛋后，孵化幼崽的任务便由雄性奇异鸟来完成。

新西兰南北两岛远离其他大陆，且在相当长的时间里孤立存在于南太平洋中。因此，这里也成了鸟类的天堂，许多独特的鸟类在此得以缓慢进化。

072 为什么图瓦卢要举国搬迁？

在遥远的太平洋中西部，有一个陆地总面积仅为26平方千米、人口约1.1万、全国只有一条公路的岛国，名叫图瓦卢。

2001年，美国华盛顿地球政策研究所发表的一份报告指出，由于人类不注意保护地球环境，造成了“温室效应”，导致海平面上升，图瓦卢1.1万国民将面临“灭顶之灾”，唯一的解决办法就是全国大搬迁。这则新闻让图瓦卢在一瞬间进入了其他各国民众的视野。

图瓦卢的领土由9个环形珊瑚岛礁组成，最高海拔不超过5米。随着海平面不断上升，海水倒灌、渗透时时刻刻都在发生，它们联合飓风摧毁了岛上不多的土地，粮食成了奢侈品。为应对海平面上升，图瓦卢人民改造房屋结构，建造各种防御设施，但这些努力在海平面不断上升的现状面前都是徒劳的。

随着全球气候变暖，海平面上升的速度将会越来越快，不知还有多少岛国或沿海地区会面临图瓦卢这种境遇，这实在是令人担忧。

透过飞机窗户拍摄的图瓦卢

第十章 北美洲

073 为什么说黄石国家公园火山喷发会是全球性灾难？

黄石国家公园，大部分位于美国怀俄明州，小部分位于蒙大拿州和爱达荷州，是世界上第一座国家公园。这里自然景观奇特，有天然的温泉、峡谷和瀑布，还有各种鱼和飞禽走兽，是美国最大的野生动物庇护所，被美国人骄傲地称为“地球上独一无二的神奇乐园”。

然而，这个神奇乐园很可能成为下一个世界性灾难的源头！之所以这样说是因为黄石国家公园的地下有一个巨型岩浆库，一旦这个岩浆库达到一定熔化率，喷发的可能性将大大提升。如果喷发，其威力足以摧毁美国本土整个东海岸，所产生的火山灰将笼罩整个国家，可能有几百万人会直接或间接地死于这场灾难。火山灰落在地上会破坏农田、公路和其他基础设施等，进而导致城市瘫痪；人们在火山灰的笼罩中生活也必然会患上疾病。此外，美国周边国家加拿大、墨西哥同样会受到严重冲击。进入平流层的火山灰会挡住一部分太阳光，导致地面光照不足，全球气温普遍下降，农作物大量减产，世界将迎来一场大范围的饥荒。由此看来，黄石国家公园火山喷发确实是一场全球性灾难。

200 多万年以来，黄石国家公园火山发生过 3 次超大规模爆发，平均每 60 万至 80 万年爆发一次，目前距离它上一次喷发已有 60 多万年。科学家一直在探查它的异动，也许在不久的将来，它会再次喷发。

074 加拿大为什么被称为"枫叶之国"？

世界上有很多国家的国旗上设计了植物的图案，可反映出本国民众对某种植物的喜爱，加拿大的国旗也是如此。

加拿大国旗中有一个分裂出 11 个角的植物叶子的图案，这种植物叫糖槭。糖槭树的叶子入秋变红色，大片的红色给大地披上红装，灿如朝霞，十分瑰丽。

既然国旗上的植物是糖槭树，那为什么加拿大被称为"枫叶之国"呢？这是因为槭俗称"枫"，我国北方所谓的枫树，其实都是槭树。在中国古代，"枫"多指枫香树，枫和枫叶指的是枫香树及其树叶，而不是我们平常所讲的红枫、青枫（鸡爪槭）、三角枫、北美红枫等槭树科槭树属的树及其树叶。

加拿大人喜欢糖槭，除了因其入秋后颜色美丽，还因为糖槭的树汁可用来制作枫糖浆。加拿大生长的槭树品种中，比较著名的就是糖槭。糖槭树的树汁含糖量通常为 2% ～ 8.6% 。在树干上打个孔，就可采集到糖槭树汁液。一株树龄在 20 年左右的糖槭树每年可产糖 1000 克左右。一株糖槭树可连续产糖 50 年以上。

枫糖浆是儿童非常喜爱的一种食物。每年三四月是收割糖槭树汁液的最佳时节，届时，加拿大人会举行盛大的聚会，庆祝一年一度的"枫糖节"。

加拿大民众对糖槭树叶的热爱表现得非常强烈，他们不仅把糖槭树叶的图案设计在国旗中，还在街头设置糖槭树叶的标志，超市、剧院、学校、政府机构等门前也常有糖槭树叶标志，衣物、书刊、日常生活用品、手工艺品等物品上也可见糖槭树叶图案。糖槭树叶已成为加拿大的象征。

075 密西西比河是如何被亚洲鲤鱼“征服”的？

刚刚捕获的体形巨大的亚洲鲤鱼

所谓“亚洲鲤鱼”其实是指亚洲鲤鱼科，常见的有青鱼、草鱼、银鲤等。而我们这里要讲的“征服”密西西比河的亚洲鲤鱼是大头鲤鱼和银鲤。

20 世纪 50—70 年代，美国工业发展迅速，许多河流遭受污染，富营养化严重，藻类等水生植物疯狂生长，阻塞河道。20 世纪 70 年代，大头鲤鱼和银鲤被带入阿肯色州，帮助清理过多的水生植物。这些天然的“池塘清洁员”果然不负使命，不仅清理了过多的藻类等水生植物，改善了水质，还给当地渔民带来了可观的收入。但由于河水营养过剩，浮游植物大量繁殖，以浮游植物为食的亚洲鲤鱼的种群数量迅速增长。亚洲鲤鱼的繁殖率很高，幼体生长也很快，有记录的最大亚洲鲤鱼个体重量达到 50 千克。泛滥的亚洲鲤鱼很快就挤占了其他鱼类的生存空间，带给密西西比河生态系统沉重一击。

肥美的亚洲鲤鱼在中国被视为美味佳肴，但并没有成为美国家庭中常见的餐桌美食。失去了人类这个最大的“天敌”，亚洲鲤鱼在密西西比河“为所欲为”，它们摇摆着自由的身躯继续向五大湖挺进。

第十一章 南美洲

076 亚马孙热带雨林为何被称为“地球之肺”？

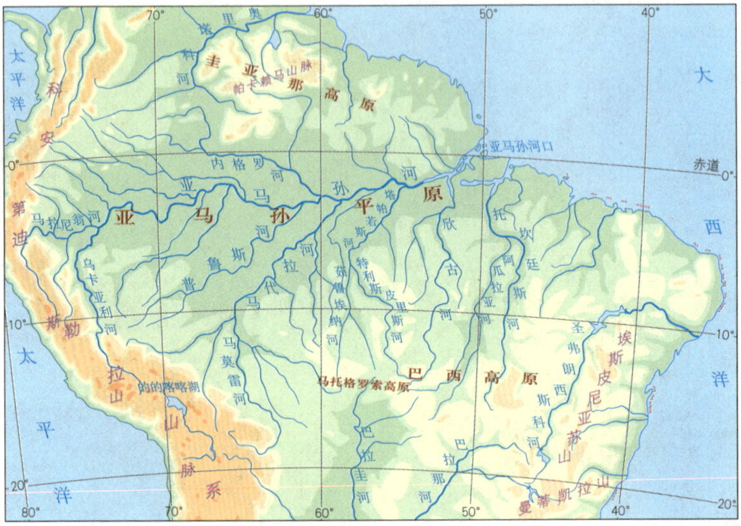

亚马孙河流域简图

亚马孙热带雨林位于南美洲的亚马孙平原，是世界上面积最大和生物多样性最丰富的热带雨林。它的面积占世界雨林面积的一半、占全球森林面积的20%。它分布于巴西、秘鲁、玻利维亚、厄瓜多尔、哥伦比亚、委内瑞拉、苏里南、圭亚那和法属圭亚那等国家和地区。

亚马孙热带雨林有“地球之肺”的美称。之所以被称为“地球之肺”，是因为它具有强大的“呼吸”功能。

亚马孙热带雨林就像一块巨大的“肺”，但这块“肺”与人类的肺不同。人类的肺是吸入氧气，呼出二氧化碳。而它恰好相反，吸收的是二氧化碳，“呼出”的是氧气，其原理就是植物的光合作用。所以，亚马孙热带雨林其实就是一个无比巨大的光合作用机器，它利用自己庞大的躯体生产氧气。

每年，亚马孙热带雨林“呼出”的氧气占全球氧气总量的10%。亚马孙热带雨林能产生这么多氧气，你可以想象其中的植被有多少！

亚马孙热带雨林

据亚马孙合作条约组织公布的数据，亚马孙热带雨林拥有 3 万种植物、2500 种鱼类、1500 种鸟类、500 种哺乳动物、550 种爬行动物和 250 万种昆虫，可谓是动植物的王国。然而，这片生态宝地如今正受到日益严重的森林砍伐和森林火灾的威胁。在人类的电锯和斧头之下，一大块一大块的雨林正在消失，取而代之的是一片片裸露的土地。我们急切地呼唤：为了人类共同的未来，让亚马孙热带雨林尽早恢复健康吧！

077 因设计之美而被列入《世界遗产名录》的城市是哪座？

1960 年，巴西的首都由之前的里约热内卢迁往巴西利亚。1987 年，巴西利亚被列入《世界遗产名录》。这座新兴的现代化城市到底有什么独特之处？竟然可以被列入《世界遗产名录》？

如果你有机会乘飞机去巴西利亚旅游，在天气晴朗的条件下，一定要记得在飞机降落之前，从高空俯瞰一下巴西利亚这座城市。你会发现城市核心区域形似一架巨大的喷气式飞机。城市布局“骨架”由东西向和南北向两条功能迥异的轴线相交构成；“机头”是由总统府、联邦最高法院、国会等构成；“机身”有教堂、国家博物馆、国家剧院等著名城市设施；“机身”两侧伸展出公路，居民区和社区服务设施沿路呈月牙形排列，如同“机翼”；“机尾”布局了长途汽车站和工业区等。

巴西利亚城市规划总设计师是卢西奥 · 科斯塔，在设计时，为了适应巴西利亚的地形，科斯塔将城市核心区域“骨架”设计成十字形的，并把十字“骨架”其中的一根的形状设计成弯弯的弧形。这样，形似飞机骨架的城市“骨架”就形成了。将巴西利亚城市核心区域设计成飞机形状，象征巴西是个正在起飞的发展中国家，体现了蓬勃发展的时代精神。

来到巴西利亚，你会看到很多设计风格简约的城市建筑。国家博物馆、国家剧院、国家图书馆、国会大厦等建筑均采用了简洁的设计风格，使得整个城市看上去轻快而又充满活力。这些建筑体现了极强的创新精神和丰富的想象力。

第十二章 极地

078 两极地区相比，哪里更冷？

众所周知，南、北极地区纬度都很高，大部分地区终年冰封，气候寒冷。那么，南、北极两个地区到底哪个更冷呢？

从常年来看，北冰洋的冬季为11月到次年4月，长达6个月；5、6月和9、10月分别为春季和秋季，夏季为7、8两个月。1月的平均气温介于-40～-20℃，在北极点附近测到的最低气温是-59℃。南极地区没有春夏秋冬四季之分，只有暖季和寒季之别。即便在11月到次年3月的暖季，南极内陆的月平均温度也为-35～-20℃，而在每年4月到10月的寒季，南极内陆的气温一般为-70～-40℃。南极点附近寒季时最低温可达-80℃。因此，南极地区比北极地区更冷。

南极企鹅

那为什么会出现这种情况呢？主要原因有4个方面。

第一，南极地区绝大部分是陆地，北极地区大部分是海洋。由于同一纬度地区，陆地降温比海洋快，因此寒季的南极地区比冬季的北极地区更冷。

北极熊

第二，南极地区的地形以高原为主，平均海拔为 2350 米，是世界上最高的大陆。而北极地区约 2/3 的面积都是海洋，平均海拔低。所谓“高处不胜寒”，所以南极地区会更冷。

第三，北极地区有北大西洋暖流汇入，而南极大陆周围的西风环流则阻止了外界暖流的汇入。

第四，南极地区的冰雪覆盖率高于北极地区，进而导致南极大陆对阳光的反射率更高。缺少对阳光热量的吸收，加剧了南极地区的严寒。

079 南极的风能杀人？

南、北极地区处于高纬度地区，常年受极地高气压控制。但南极周围被海洋所包围，海洋上空被“低压”控制。因此，南极大陆上经常刮由大陆中心吹向大陆边缘地带的极地东风。极地东风风力强劲，风速高达 100 米 / 秒，所以人们也将南极称为“风极”。

南极科考队中流传着这样一句话：“南极的冷不一定能冻死人，但南极的风能杀人。”领教过极地风暴的科考队员无不“谈风色变”，而且事实证明极地风暴确实能杀人。

暴风雪中的企鹅

极地风暴是南极探险者最为恐惧的一种天气现象。风暴来临时，最大风速可达 200 千米 / 时。曾经，日本南极科考队的一名考察队员就被突然而至的极地风暴席卷得无影无踪。后来，人们在冰柱中发现了这位科考队员冻僵的尸体。

极地风暴是如何形成的呢？寒冷的南极冰盖是孕育极地风暴的温床，它像一台制造冷风的机器，每时每刻都在冷却空气。由于南极大陆整体是中部高、四周低的高原，表面又被厚厚的冰层所覆盖，因冷却收缩而变重的冷空气会沿着冰盖光滑的表面由中部向四周俯冲下来。这时，风雪简直就像带着数不清的冰刀的瀑布一样倾斜而下，而站在极地风暴中的人不过像洪流中的一片叶子，怎么能扛得住呢？

080 进行南极科考的最佳时间是什么时候？

极地科考站

通过科考探索，我们终于知道南极大陆是一个白茫茫的冰雪世界。那里没有奔腾的江河与潺潺的溪流，没有茂盛的树林和青翠的芳草，有的只是遍地的冰川和可爱的企鹅。

进行南极科考的最佳时间是什么时候呢？当然是每年的 11 月至次年 3 月。

南极没有四季之分，只有寒季和暖季的区别。一般来讲，每年的 4 月至 10 月是南极的寒季，11 月至次年 3 月是南极的暖季。10 月末，南极的暖季悄然而至，部分冰层消退，陆地出露，沿海平均气温上升到 5℃左右。虽然此时的南极大陆有很大一部分地区依然冰天雪地、银装素裹，充满冷峻的气息，但天气变得相对稳定，晴天更多，适合船只航行和开展科考活动。在 12 月 22 日前后，南极圈及其以内区域出现极昼，利于科考人员收集更多的科考数据。

南极大陆素有“地球上最后一片净土”之称，这里没有常住居民，对大多数普通人来说神秘而遥不可及。但随着近年来全球气候变暖，南极冰川融化加剧，带来了一系列的环境问题。